JN271105

MODERN
ECONOMICS
MINERVA現代経済学叢書 ⑽

国際金融市場とEU金融改革
― グローバル化するEU市場の動向 ―

相沢 幸悦 著

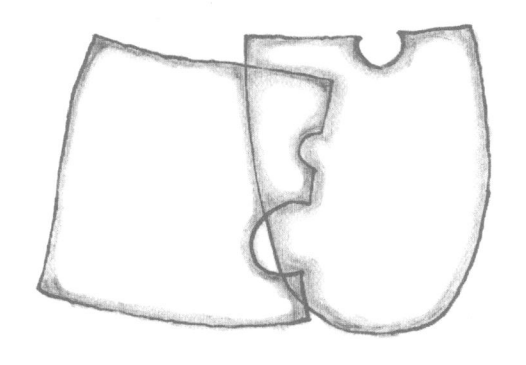

ミネルヴァ書房

　　　　　　　は　し　が　き

　2007年1月，ルーマニアとブルガリアがEU（欧州連合）に加盟し，EUはじつに27カ国にまで膨れ上がった。同年1月にスロベニアが，08年1月には，キプロスとマルタがユーロを導入し，ユーロ導入国（ユーロ圏）は15カ国に拡大した。
　2007年6月，ブリュッセルで開催されたEU首脳会議で，事実上廃案になっていた「EU憲法条約」に代わる「新基本条約」を制定することが合意された。批准が難航しているものの，この条約によって，より効率的で，民主的なEUの運営がはかられることが期待されている。
　EUは，加盟国の拡大という外延的拡大，ユーロ導入という質的進展をとげてきた。1999年にユーロが導入されると経済的に遅れていたスペインやアイルランドなどがダイナミックな経済成長をとげた。
　EUは，平和で真に豊かなヨーロッパ実現のために，加盟国を拡大することにより，市場拡大型経済成長を達成してきたし，EU「市民」の生活水準の向上をある程度はたしてきた。加盟国には，きびしい環境保全基準，製品の安全基準を課している。こうして，平和でひとびとの安全，地球環境に充分に配慮した真に豊かなヨーロッパをめざしてきたし，これからもその実現に向けてまい進していくであろう。
　本書は，ヨーロッパがダイナミックな発展をとげることのできる大きな要因のひとつである金融システム改革の状況をあきらかにする。
　ヨーロッパ大陸諸国では，歴史的にみて，銀行業と証券業を金融機関本体で兼業するユニバーサル・バンク・システムが主流である。1980年代から90年代にかけて，ヨーロッパ大陸諸国において，ユニバーサル・バンクが保険業をはじめとするさまざまな金融業務を手掛けるアルフィナンツ（フランスでは

バンカシュランス）という事態が進展してきた。

　さらに，EUは，1992年の域内市場統合と99年のユーロ導入を契機にして，抜本的な金融システム改革を断行してきた。ドイツもEU金融システム改革に呼応して四次にわたる資本市場改革をおこなってきた。

　EUは，2004年4月に「金融商品市場指令」を採択したが，この指令を契機に異業種間での金融サービスの統合が大きく進展している。銀行・証券・保険業務など幅広い金融サービスを提供する金融機関は，最近では，金融コングロマリットとよばれている。

　EUの金融システム改革の進展により，広範な金融サービスを提供してきたドイツでも，金融の証券化，金融機関の業務拡大，証券市場の自由化などが急速に進展している。

　本書は，まず，EU金融システム改革の状況をみるうえで基礎知識となる国際金融市場の仕組みと動向を取り上げる。そして，本論であるヨーロッパとドイツにおける金融システム改革の状況をあきらかにする。

　本書の出版にあたってミネルヴァ書房の梶谷修氏には大変お世話になった。梶谷氏には，私のヨーロッパ・ドイツ，および日本の経済・金融システムの勉強に深いご理解をいただいている。記して感謝の意を表明する次第である。

2008年7月

相沢幸悦

国際金融市場とEU金融改革
―― グローバル化するEU市場の動向 ――

目　次

はしがき

第Ⅰ部　国際金融市場と通貨システム

第1章　市場の仕組み（1）：国際決済 …………3
1　銀行と証券の基本規定 …………3
2　国際的決済と外国為替 …………11
3　外国為替取引と外為市場 …………16

第2章　市場の仕組み（2）：為替相場 …………19
1　外国為替相場 …………19
2　為替政策と為替介入 …………25
3　欧州通貨制度 …………27

第3章　市場の仕組み（3）：国際収支 …………33
1　国際収支の概要 …………33
2　経常収支の概要 …………36
3　資本収支 …………39
4　外貨準備と誤差脱漏 …………41

第4章　市場の仕組み（4）：国際通貨 …………44
1　国際通貨と国際基軸通貨 …………44
2　戦後の国際通貨システム …………48
3　管理通貨制と基軸通貨 …………51

第5章　市場の仕組み（5）：国際金融市場 …………56
1　国際金融市場の役割 …………56
2　市場機能と取引対象 …………57

3　国際金融市場のリスク管理 ……………………………………… 58
　　　補論：イスラム金融 ……………………………………………………… 60

第6章　ドル体制の危機と世界経済 ……………………………………… 62
　　　1　ドル危機の経済メカニズム ……………………………………… 62
　　　2　アメリカの国際収支 ……………………………………………… 66
　　　3　現代の国際通貨システム ………………………………………… 71

第7章　金融証券化と国際金融市場 ……………………………………… 75
　　　1　アメリカの住宅市場 ……………………………………………… 75
　　　2　住宅ローンと証券化商品 ………………………………………… 80
　　　3　国際金融市場への影響 …………………………………………… 82

第8章　ヘッジファンドと政府系ファンド ……………………………… 86
　　　1　ヘッジファンド …………………………………………………… 86
　　　2　政府系ファンド …………………………………………………… 90
　　　3　投資ファンドと国際金融市場 …………………………………… 92

第9章　企業の社会的責任と金融市場 …………………………………… 96
　　　1　企業の社会的責任 ………………………………………………… 96
　　　2　欧米の企業の社会的責任 ………………………………………… 98
　　　3　アジアのCSR …………………………………………………… 103

　　　　　　　　第Ⅱ部　EUの金融システム改革

第10章　ヨーロッパ統合の進展 ………………………………………… 109
　　　1　EUの統合と理念 ………………………………………………… 109
　　　2　ECの成立と発展 ………………………………………………… 111

3　通貨統合の実現 …………………………………………… 115

第11章　ヨーロッパ経済の構造変化 …………………………………… 119
　　　1　EU の構造変化とゆくえ ………………………………… 119
　　　2　ドイツの総選挙 …………………………………………… 123
　　　3　フランスの大統領選挙 …………………………………… 127

第12章　EU の金融システム改革 ……………………………………… 131
　　　1　金融市場統合と欧州中央銀行 …………………………… 131
　　　2　金融自由化の諸施策 ……………………………………… 134
　　　3　金融・証券市場の自由化 ………………………………… 137

第13章　金融コングロマリット指令 …………………………………… 142
　　　1　銀行・証券と保険業の融合 ……………………………… 142
　　　2　金融コングロマリット指令の目的と定義 ……………… 144
　　　3　金融コングロマリットの概要 …………………………… 146

第14章　金融商品市場指令 ……………………………………………… 150
　　　1　投資サービス指令 ………………………………………… 150
　　　2　投資サービス指令改正の必要性 ………………………… 152
　　　3　金融商品市場指令 ………………………………………… 155

　　　　　　　　第Ⅲ部　ドイツの金融システム改革

第15章　ドイツの社会的市場経済原理 ………………………………… 167
　　　1　社会的市場経済原理 ……………………………………… 167
　　　2　ドイツの経済政策運営 …………………………………… 169
　　　3　社会的市場経済原理の堅持 ……………………………… 174

目　次

第16章　金融・証券システム改革 …………………………179
　1　ドイツの金融システム ………………………179
　2　証券市場とコーポレートガバナンス ………………181
　3　EU証券関係指令の国内法化 ………………………185

第17章　信用制度法の改正と金融機関 …………………190
　1　信用制度法の変遷 ……………………………190
　2　金融機関と金融商品 …………………………193
　3　信用制度法の概要 ……………………………196

第18章　ドイツ銀行とポストバンク ……………………203
　1　ドイツ銀行の事業再編 ………………………203
　2　公的金融機関の民営化 ………………………207
　3　ポストバンク …………………………………209

参考文献……215
索　　引……217

第Ⅰ部

国際金融市場と通貨システム

第1章

市場の仕組み（1）：国際決済

1　銀行と証券の基本規定

（1）信用の役割と基本規定

　信用制度の成立は，ひとつは資本の所有の観点から，もうひとつは再生産論の観点からみることができる。前者は利子生み資本，後者は商業信用と銀行信用という概念である。

　$G-G'$すなわち，最初に投下した貨幣GよりもΔG増殖してG'となって還流するという運動は，資本主義以前から存在していた。高利貸し資本などがそうである。しかし，これは，たんに，貸し付けた貨幣よりも多くの貨幣を手に入れるというものであって，資本主義制度における信用制度の成立の前提となるものではない。

　利子生み資本の運動$G-G'$の間には，生産過程が介在している。したがって，資本主義的生産過程が前提となるのであって，資本主義以前に存在していた高利貸し資本とは性格が異なる。その増加分の上限は産業資本の生み出した利潤であって，資本主義的生産を前提としてはじめて成立する概念である。この利子生み資本は，信用制度の基礎をなすものである。

　信用の基本規定は，「流通時間をもたない流通」と「資本の量的制限の打破，集中の促進」にある。流通時間というのは，資本が価値を創造するための時間ではなく，生産過程で作り出された価値を実現するための時間なので，制限的かつ否定的なものである。したがって，資本の必然的傾向は，流通時間をもたない流通であって，この傾向は，信用および資本の信用機構の基本規定である。

商業信用とそれに代位して展開する銀行信用は、流通時間の短縮および止揚するための信用形態である。

他方、信用というのは、資本が自己を個別諸資本から区別して、すなわち資本としての個別資本が自己をそれの量的制限から区別して措定しようとつとめる形態でもある。この資本の量的制限を止揚する形態が、とりわけ株式資本である。

（2）利子生み資本

一般的商品は、再生産過程の内部で生産・実現されるが、利子生み資本は、再生産過程の外部に排出されてはじめて商品となるという特殊な性格をもつ資本である。

利子生み資本の運動は、$G-G-W-G'-G'$ であるが、その特有の運動は、貨幣の第一の変換である $G-G$ と還流 $G'-G'$ である。第一の変換は、商品変態の契機でも資本の再生産の契機でもなく、貨幣資本家から現実に生産や流通をになう機能資本家に貨幣が移転されるか、または引き渡しされるにすぎないものである。

したがって、貨幣の所有権は移転しない。貨幣は、機能資本家が占有することができるだけである。$G-G$ は貸付、$G'-G'$ は返済という形態をとる。

利子生み資本の運動 $G……G'$ のうち G' は、元本 G と増加分 ΔG からなっている。このうち ΔG は、資本所有者に支払われる資本所有への報酬であるが、これは、産業資本の生み出した利潤の一部である。したがって、ΔG を利子と規定することができる。貨幣資本家は、機能資本家が貨幣をどのように使用しようとかまわない。増加分 ΔG をともなって元本 G が回収できればそれでよいのである。

利子というのは、機能資本家が自己資本ではなく、借入資本によって生産をおこない、その所有者である貨幣資本家に支払わなければならない利潤の一部である。機能資本家が利子を支払った後に残る利潤は、企業者利得とみなされるようになる。

ここから所有と機能の分離が社会的に拡大することになる。すなわち，資本のもつ貨幣資本的な性格がより強く観念されるとともに，企業者利得は，利潤ではなく管理労働に対する報酬・賃金とみなされるようになってしまう。

この利子生み資本範疇の成立によって，株式価格が算定される。また，利子が逆にそれを生み出す元本を算定するさいの基準とされるとともに，機能と所有の分離により，近代株式会社制度という独特の資本所有構造が構築されることになる。

（3）商業信用と銀行信用

商業信用は，資本主義的信用のもっとも基礎的な形態であり，支払い手段としての貨幣の機能にもとづくものである。

生産された商品が販売できる，売れるということが，再生産を継続するうえで不可欠の前提である。したがって，商品流通が発展すれば，商品の譲渡と商品の価値実現が時間的に分離する関係が作り上げられる。それは，直接的な現金売買ではなく，独特の契約関係によって実現される。その具体的形態が支払い約束証である商業手形である（図1-1）。

商業手形は，一定の期間終了後に支払いを約束する証書である。この商業手形の介在によって，購買と同時に支払いをおこなう必要がなくなり，流通過程に必要とされる貨幣が節約される。しかも，商業手形が振り出されると，それは支払い手段となり，受け取ったひとがその手形で支払う，すなわち裏書というかたちで，転々と流通する。商業手形の介在によって，流通時間が事実上ゼロになり，資本の生産性と効率性がいちじるしく高まることになる。

振り出された商業手形が転々と流通したのちに，最初の振出人に戻ってくるような関係が作られると，一切，貨幣が必要なくなり，貨幣節約が完成する。しかし，これはまったくの偶然であって，個々の資本家は，支払い準備としての現金を保有していなければならない。

この限界を克服するために，銀行信用がもとめられる（図1-1）。銀行は，みずからが所有する現金貨幣（歴史的には通常は金準備）を支払い準備としても

第Ⅰ部　国際金融市場と通貨システム

図1-1　商業手形と手形割引

商業手形による販売事例

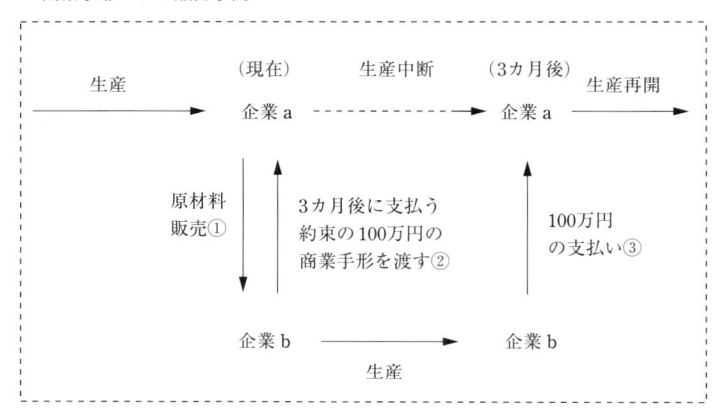

（現在）　生産中断　（3カ月後）
生産 → 企業a ----→ 企業a → 生産再開

企業a ↓ 原材料販売① ／ 3カ月後に支払う約束の100万円の商業手形を渡す② ↑
企業a ↑ 100万円の支払い③

企業b → 企業b
　　　生産

銀行による手形割引事例（3カ月間の金利2%）

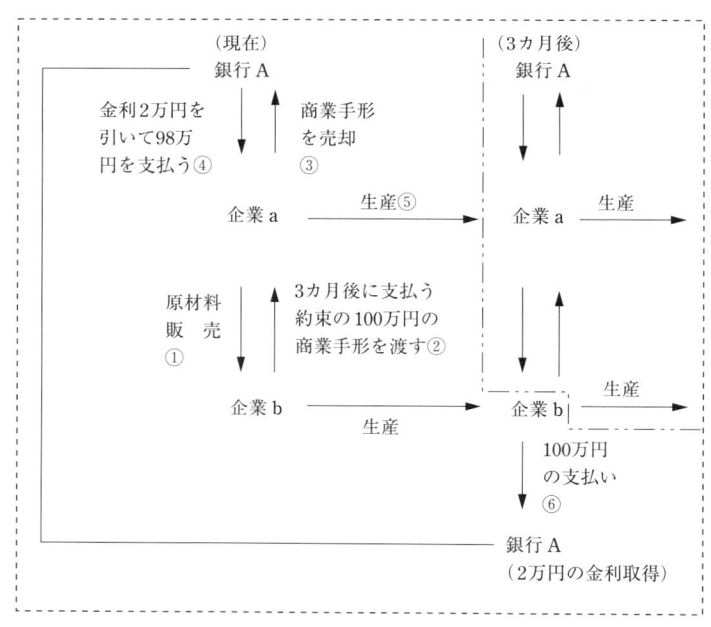

（現在）　　　　　（3カ月後）
銀行A　　　　　　銀行A

金利2万円を引いて98万円を支払う④　／　商業手形を売却③

企業a → 生産⑤ → 企業a → 生産

原材料販売①　／　3カ月後に支払う約束の100万円の商業手形を渡す②

企業b → 企業b → 生産
　　　生産

100万円の支払い⑥

銀行A
（2万円の金利取得）

ち，自己宛の一覧払いの約束手形である銀行券を発行することにより銀行券で，また，顧客の当座勘定に預金設定をすることにより小切手での支払い・決済ができるようにしている。

商業信用を与えた側は，手形の満期日までの利子を支払って銀行券を手に入れることができる。これが手形割引である。かくして，期間や金額の異なる商業手形の限界は，一覧払いである銀行券さらに小切手の登場によって克服される。

商品取引資本の流通過程で，貨幣がおこなう純粋に技術的な諸運動が独立してひとつの特殊な資本の機能となり，それだけを特有な操作として営むようになると，この資本は貨幣取り扱い資本に転化する。貨幣取り扱い資本は，貨幣の払い出し，収納，差額の決済，当座預金の処理，貨幣の保管など，資本の機能によって必要とされる技術的な操作をおこなう。

（4）銀行の機能

銀行は一般に，企業や個人などから広く預金をあつめ，貸付や証券投資などに運用することによって金融仲介機能をはたす機関であると認識されている。

しかし，歴史的にみて銀行の本質は，預金を集めて貸し付けるのではなく，自己宛手形である銀行券を発行して，顧客間の支払い・決済にあてさせたことにある。銀行券を受け取った顧客がそれを銀行に持参すれば，銀行は，本来の貨幣である現金（通常は金，または銀）を引き渡した。

歴史的には，さまざまな銀行が個別に銀行券を発行していたが，流通が活発化すれば，それは商業手形と同じ問題に遭遇した。すなわち，銀行が異なれば決済がむずかしいからである。だから，銀行券がひとつになれば支払い・決済が格段に容易になる。こうして，有力なひとつの銀行の発行した銀行券が一般に広く使用されるようになり，その発行主体が中央銀行となった。

そうなると，銀行は，預金を負債として受け入れて，貸付をおこなうようになる。自行の銀行券を発行できないので，中央銀行券を預金の受入れなどで調達しなければならないからである。

商業手形や小切手などの銀行間の決済は，中央銀行に積まれた準備預金（当座預金）を通じておこなわれるようになる。そうなると，中央銀行は，みずからに積ませた銀行の当座預金の操作で，金融政策ができるようになる。

銀行が顧客に貸付をおこなう場合，中央銀行券を引き渡すのではなく，貸し付けた金額を当該企業の預金の項目に記載するだけである。

借り手が実際に借り入れた資金を引き出すのは，賃金や運転資金などごく一部である。通常の経済活動においては，企業は，小切手を発行してみずからの預金から支払ってもらうように銀行と契約をむすぶ。商業手形による決済も同じである。このように，支払い・決済のために設定される預金が当座預金とよばれるものである。

これは，もっていればいつでも使える一覧払いの現金とほぼ同じなので預金通貨とよばれる。営業日・時間中には，いつでも支払い・決済に使える普通預金と当座預金が預金通貨である。

顧客の取引している銀行が異なっていれば，ある銀行には，支払いをおこなわなければならないが，ある銀行からは支払いを受けるという場合がある。支払いと受け取りを相殺すれば，実際に受け払いする金額は非常に少なくてすむ。また，商業手形であっても，割引した手形を交換すればかなり相殺ができて，ここでも実際に受け払いする金額は非常に少ない。小切手もそうである。

この銀行間の最終的決済は，中央銀行においた準備預金によっておこなわれる。こうして，貨幣節約が徹底しておこなわれる。

貸付を見合いにして設定された預金，すなわち本源的預金というのは，すぐに全額が引き落とされることはない。通常は，支払い・決済に使われるので，引き出される割合は低い。したがって，銀行は，預金設定した貸出し資金の一部を，ふたたび預金として受け入れることができる。これが派生的預金とよばれるものであるが，銀行は，これをまた貸付原資とすることができる。

こうして，銀行は，当初受け入れた預金の何倍もの預金通貨を作り出すことができる（図1-2）。かくして，銀行は，支払い・決済システムの中軸をなすと同時に，現金準備の何倍かの預金通貨を供給するという信用創造機能をはた

図1-2 信用創造のメカニズム

（支払いのために手元におく資金の割合＝支払準備率10%）

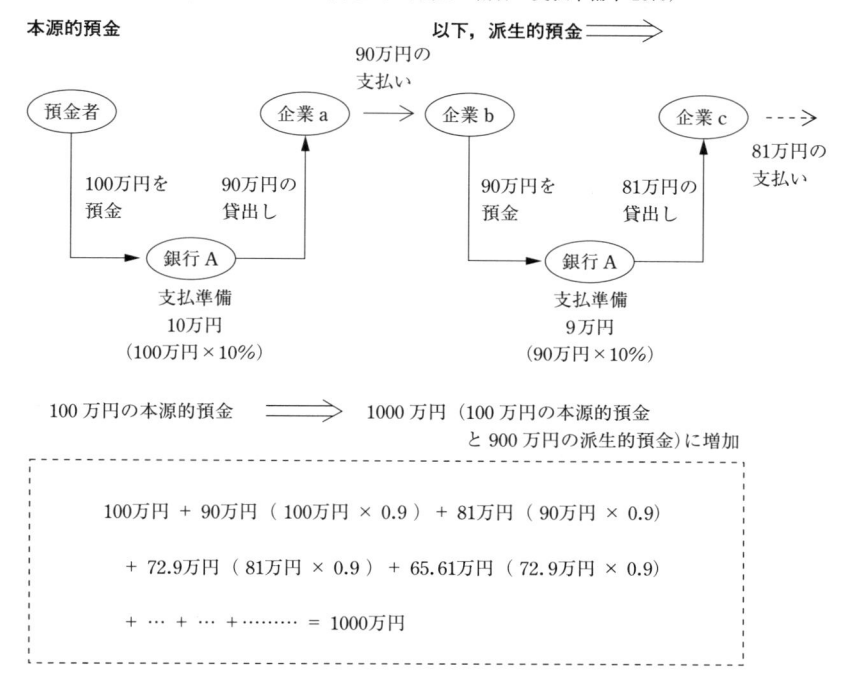

本源的預金　　　　　　　　　　　　以下，派生的預金 ⟹

預金者 → 銀行A（100万円を預金、支払準備10万円（100万円×10%））→ 企業a（90万円の貸出し）→ 企業b（90万円の支払い）→ 銀行A（90万円を預金、支払準備9万円（90万円×10%））→ 企業c（81万円の貸出し）---> 81万円の支払い

100万円の本源的預金 ⟹ 1000万円（100万円の本源的預金と900万円の派生的預金）に増加

100万円 ＋ 90万円（100万円 × 0.9）＋ 81万円（90万円 × 0.9）
＋ 72.9万円（81万円 × 0.9）＋ 65.61万円（72.9万円 × 0.9）
＋ … ＋ … ＋ ……… ＝ 1000万円

し，金融システムの基軸を形成している。この機能を使って，銀行は，経済を拡大するというきわめて重要な役割をはたしている。

　銀行は，このように業務を拡大してきたが，支払い・決済業務や信用創造をさらに拡大するために，広くかつ積極的に預金をあつめるようになってきた。けっしてその逆ではない。

（5）証券の機能

　世界最初の株式会社は，1602年にオランダで設立された東インド会社であるといわれているが，近代的な株式会社が登場するのは，19世紀にはいってからのことである。

それは，産業革命が終了し，資本主義経済が発展していくと，企業の設備投資額が巨大化していったからである。たとえば，鉄道建設などは，個人的な資金力ではとうてい必要な資本を確保できなくなってしまった。そこで，株式会社制度が急速に普及した。

株式というのは，社会的に広く浅く，大量にあつめられた資金が自己資本として長期に固定されたものである。すなわち，株式は，株式会社に固定され，返済の必要はない。株式に投資した投資家は，そのかぎりでは，株式を金融資産として保有するのではなく，株式会社への出資者となり，会社の経営に参加する権利をもっている。だから，投資資金にたいする報酬は，利子ではなく利益の配分である配当いうかたちで支払われる。

だが，出資者となった株主が事情によって出資資金の回収が必要となった場合，それがまったく不可能であれば，株式に投資する投資家の範囲はせばまることになる。広く浅く，大量の資金をあつめるという株式会社制度のメリットを生かすことができない。さらに，株式を金融資産として保有したいという投資家もいるであろう。

したがって，資金が長期に株式会社に固定される株式を流動化・売却するための市場である流通市場が，発行株式会社とは完全にべつに整備されることになる。こうして，証券市場が大規模に発展することになったのである。

社債や国債などの債券も広く資金を調達する手段である。

証券の本質は譲渡性にある。すなわち，発行体から直接買い取った証券を発行体に買い戻してもらうのではなく，いつでも流通市場で売却し，流動化（現金化・換金）できるというのが，証券の大きな特徴のひとつである。

証券業務というのは，証券発行者や所有者から投資家が証券を購入することを仲介する業務である。広く証券が売却されていれば，証券を売りたくても，誰が買いたがっているかわからないのがつねである。そこで，ひとつの取り引きの場所が設定されると，そこに売買の希望があつまり，証券がここで取り引きされるようになる。これが流通市場である。証券取引所が代表的な流通市場であるが，最近では，ネット取引市場など類似市場が登場している。

銀行業務というのは銀行が投資リスクをとるシステムであるのにたいして，証券市場は，投資家が直接投資リスクをとるシステムである。したがって，投資家に自己責任を問うために，発行体には，よりくわしく，より正確な情報開示のほか，取引の透明性や公平性がきびしくせまられる。投資家が自己の相場観だけでリスクをとるというのが証券市場の大原則だからである。投資家をだますようなこともきびしく取り締まられている。

2　国際的決済と外国為替

（1）内国為替と外国為替

　遠隔地間の債権・債務を同一地域内の債権・債務に転換することにより，現金の移動をおこなわずに，決済する手段が為替である。

　内国為替と外国為替の違いは，後者が，たとえば，ドルやユーロのように，通貨が異なっているので交換が必要であること，国際間の取引では，中央銀行が存在しないことである。

　たとえば，A銀行に預金口座をもつa顧客とB銀行に預金口座をもつb顧客がいて，aがbに100万円を支払うケースを想定してみよう（図1-3）。

　aはbに小切手を渡すと，bは取引銀行に小切手を持ち込み，B銀行は，bの口座に100万円の預金設定をおこなう。これで，aからbへの100万円の支払いが完了する。

　だが，A銀行からB銀行に100万円が支払われないと，取引は完了しない。しかし，直接支払われるということはない。それぞれの銀行が日本銀行に預けている当座預金勘定の振り替えによっておこなわれる。このような取引は，日々，大量におこなわれている。

　この銀行間の取引の決済をおこなうために，手形交換制度と内国為替決済制度（全銀システム）がある。決済の差額の調整は各行の日銀当座預金の振り替えによっておこなわれる。

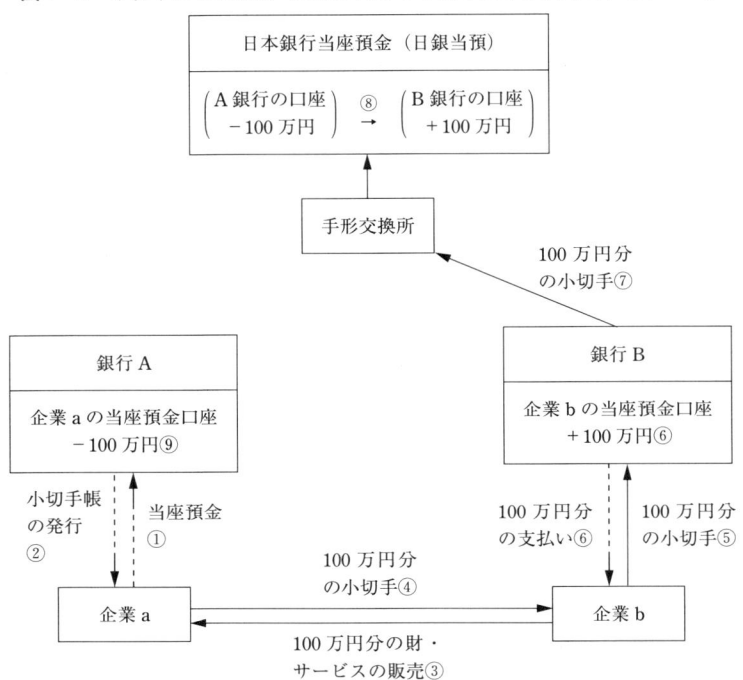

第Ⅰ部　国際金融市場と通貨システム

図1-3　小切手による決済（100万円分の小切手だけが使用されるケース）

```
                    ┌─────────────────────────────┐
                    │  日本銀行当座預金（日銀当預）  │
                    │ ┌─────────┐ ⑧ ┌─────────┐ │
                    │ │A銀行の口座│ → │B銀行の口座│ │
                    │ │ －100万円 │   │ ＋100万円 │ │
                    │ └─────────┘   └─────────┘ │
                    └─────────────────────────────┘
                                  ↑
                          ┌───────────┐
                          │ 手形交換所 │
                          └───────────┘
                              ↖
                               100万円分
                               の小切手⑦

   ┌──────────────┐                    ┌──────────────┐
   │    銀行A     │                    │    銀行B     │
   │企業aの当座預金口座│                   │企業bの当座預金口座│
   │  －100万円⑨  │                    │  ＋100万円⑥  │
   └──────────────┘                    └──────────────┘
    小切手帳  当座預金                   100万円分  100万円分
    の発行    ①                         の支払い⑥  の小切手⑤
    ②
   ┌──────┐    100万円分の小切手④    ┌──────┐
   │企業a │ ←─────────────────────── │企業b │
   │      │                          │      │
   │      │ 100万円分の財・          │      │
   │      │ サービスの販売③ →       │      │
   └──────┘                          └──────┘
```

（2）並為替と逆為替

　為替には，並為替と逆為替がある（図1-4）。

　たとえば，日本の債務者aがアメリカの債権者bに100万ドルを支払うケースと，日本の債権者cがアメリカの債務者dから，100万ドルを受け取るケースを想定してみよう（1ドル＝100円で換算）。ここで，二通りの決済がおこなわれる。

　ひとつは，日本の債務者aが日本のA銀行に100万ドル分すなわち1億円を支払って，為替手形を買い取り，この為替手形をアメリカの債権者bに送る。アメリカの債権者bは為替手形をアメリカのB銀行に買い取ってもらい，100万ドルを受け取って，決済が完了するケースである。ここでは，為替手形は，債務者から債権者への支払いと同じ方向に動いているので，並（順）手形

第1章　市場の仕組み（1）：国際決済

図1-4　並為替と逆為替

並為替

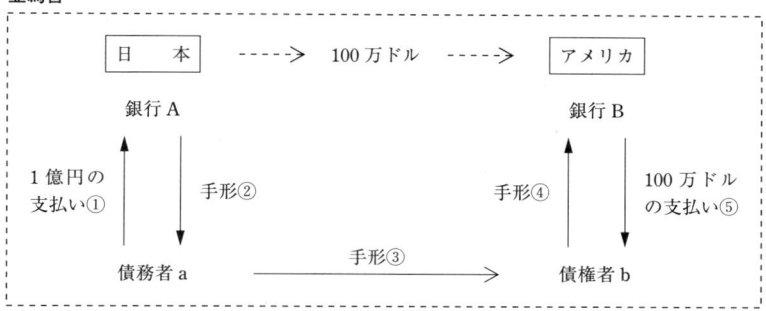

```
    日　本  ----> 100万ドル ---->  アメリカ
    銀行A                          銀行B
  ↑    ↓                        ↑    ↓
1億円の  手形②                  手形④  100万ドル
支払い①                                の支払い⑤
    債務者a  ──── 手形③ ────→  債権者b
```

逆為替

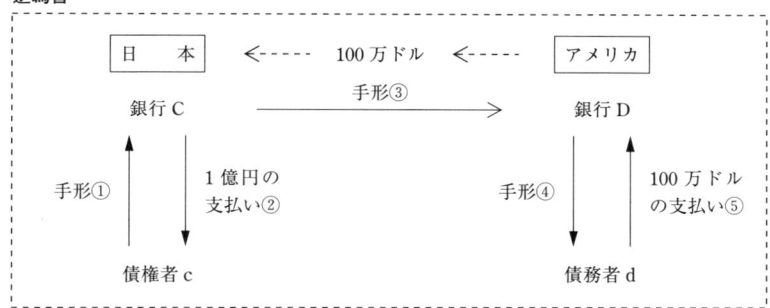

```
    日　本  <---- 100万ドル <----  アメリカ
    銀行C  ──── 手形③ ────→  銀行D
  ↑    ↓                        ↑    ↓
手形①  1億円の                  手形④  100万ドル
        支払い②                        の支払い⑤
    債権者c                        債務者d
```

銀行間の決済のケース

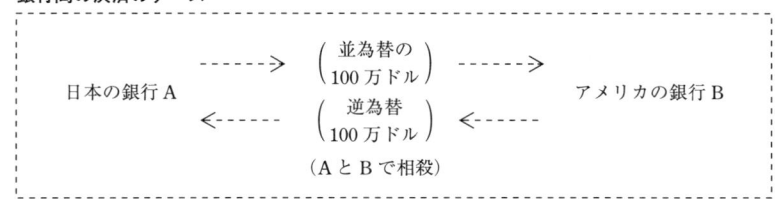

```
日本の銀行A  ----> (並為替の100万ドル) ---->  アメリカの銀行B
           <---- (逆為替の100万ドル) <----
                   （AとBで相殺）
```

対顧客外国為替取引

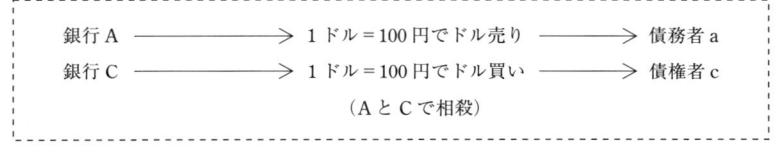

```
銀行A ─────→ 1ドル＝100円でドル売り ─────→ 債務者a
銀行C ─────→ 1ドル＝100円でドル買い ─────→ 債権者c
               （AとCで相殺）
```

（注）　1ドル＝100円で計算。

とよばれる。

　ａがアメリカのＢ銀行への支払いを依頼するものなので，送金為替，送金小切手ともよばれ，一般に，サービスや資本取引の決済に利用される。

　もうひとつは，日本の債権者ｃが為替手形を発行して日本のＣ銀行に買い取ってもらって100万ドル分すなわち１億円を受け取るケースである。日本のＣ銀行は，買い取った為替手形をアメリカのＤ銀行に送り，Ｄ銀行は，アメリカの債務者ｄに買い取った為替手形を提示して，100万ドルの支払いを受ける。ここでは，為替手形は，支払いと逆の方向に動いているので，逆手形とよばれる。

　日本の債権者ｃがアメリカの債務者ｄから100万ドル分すなわち１億円の取立てをアメリカのＤ銀行に依頼するものなので，代金取立手形とよばれ，一般に，財の輸出入の決済に利用される。

　このケースでは，債権・債務がドル建てなので，ドルと円の交換は国際通貨国以外の国，ここでは日本で，日本の債権者と銀行，債務者と銀行，Ａ銀行とＣ銀行の間でおこなわれる。債権者・債務者と銀行の取引市場が，対顧客外国為替市場であり，ここで，ドルと円の交換は，対顧客為替相場が適用される。銀行同士の取引は銀行間市場でおこなわれ，銀行間為替相場が形成される。

（3）貿易の決済

　輸出入の決済のひとつに，信用状（くわしくは，信用状付き一覧払い輸出手形という）による輸出手形によって決済される手段がある（図１-５）。日本の輸出業者ａからアメリカの輸入業者ｂに輸出がおこなわれ，100万ドルの決済がなされるケースを想定して，順番にみてみよう（１ドル＝100円で換算）。

①日本の輸出業者ａとアメリカの輸入業者ｂで輸出契約が締結される。

②アメリカの輸入業者ｂは，アメリカの取引銀行Ｂ銀行にたいして，信用状（Letter of Credit, L/C）の発行を依頼する。信用状というのは，輸入業者の代金の支払いをＢ銀行が保証するということを輸入国のＢ銀行が，輸出国のＡ銀行をつうじて，日本の輸出業者ａに通知するものである。

第1章　市場の仕組み（1）：国際決済

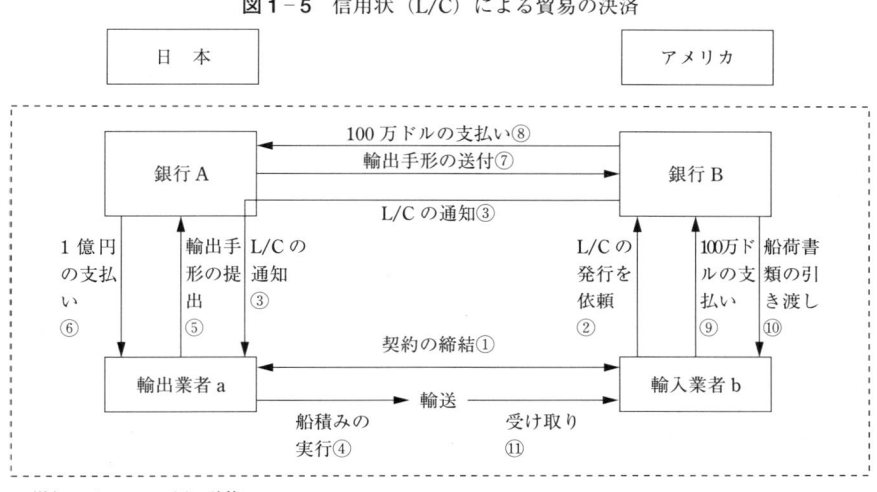

図1-5　信用状（L/C）による貿易の決済

```
   ┌─────────┐                                    ┌─────────┐
   │  日 本   │                                    │ アメリカ │
   └─────────┘                                    └─────────┘
┌─────────────────────────────────────────────────────────────┐
│                    100万ドルの支払い⑧                         │
│        ┌──────┐ ←──────────────────────── ┌──────┐          │
│        │銀行A │    輸出手形の送付⑦         │銀行B │          │
│        │      │ ──────────────────────→    │      │          │
│        └──────┘    L/Cの通知③              └──────┘          │
│         ↑ ↑ ↑     ←────────────────────     ↑ ↑ ↑            │
│    1億  │ 輸 L/C                         L/C  │ 100 船        │
│    円   │ 出 の                         の   │ 万  荷         │
│    の   │ 手 通                         発   │ ド  書         │
│    支   │ 形 知                         行   │ ル  類         │
│    払   │ の ③                          を   │ の  の         │
│    い   │ 提                             依   │ 支  引        │
│    ⑥   │ 出                             頼   │ 払  き        │
│         │ ⑤                              ②   │ い  渡        │
│         ↓ ↓                              ↓   ↓ ⑨   し        │
│                                                     ⑩        │
│        ┌──────┐    契約の締結①           ┌──────┐           │
│        │輸出  │ ←───────────────────→    │輸入  │           │
│        │業者a │                           │業者b │           │
│        └──────┘    ────輸送────→         └──────┘           │
│                  船積みの      受け取り                        │
│                  実行④         ⑪                             │
└─────────────────────────────────────────────────────────────┘
```

（注）　1ドル＝100円で計算。

③アメリカのB銀行が日本のA銀行をつうじて，日本の輸出業者aに信用状を通知する。

④信用状の通知をうけた日本の輸出業者aは，輸出商品を船積みする。

⑤輸出業者aは，船荷書類（shipping documents）に信用状を添付したドル建ての輸出手形を日本の取引銀行A銀行に買い取ってもらう。船荷書類というのは，船荷証券（bill of lading），保険証券（insurance policy），商業送り状（commercial invoice）などであり，輸出契約にもとづいて船積みがおこなわれたということを証明する書類である。

⑥輸出業者aは，取引銀行A銀行から円貨1億円を受け取る。

⑦A銀行は，輸出業者aから買い取った輸出手形をアメリカのB銀行に送る。

⑧アメリカのB銀行は，日本のA銀行に100万ドルを支払う。

⑨B銀行は，アメリカの輸入業者bから100万ドルの支払いを受ける。

⑩B銀行は，輸入業者bに船荷書類を渡す。

⑪輸入業者bは，船荷書類と引き換えに輸入した商品を受け取る。

このような手続きによって，輸入業者による商品の受け取りと代金の決済がおこなわれる。

3　外国為替取引と外為市場

（1）外国為替取引と銀行間決済

　貿易取引や資本取引などにおける日本のA銀行と外国（ここでは基軸通貨国アメリカとする）のB銀行の間の取引で，どのように決済がなされるのか。中央銀行が存在しないので，国内銀行間のような債権・債務の相殺はできない。

　ひとつは，日本のA銀行がアメリカに支店を開設するという方法がある。銀行間取引の決済を，アメリカの中央銀行FRB（連邦準備制度理事会）においた両行の中央銀行当座預金口座でおこなうのである。

　もうひとつは，日本のA銀行とアメリカのB銀行の間でコルレス契約を結ぶという方法である。コルレス契約というのは，信用状の通知，手形の引き受け・買い取りなどをあらかじめ相互に委託する契約である。この契約にもとづいて，為替決済勘定（コルレス勘定）を設ける場合が多い。このコルレス契約の多いのがマネーセンターバンクとよばれる大銀行で，その多くがニューヨークに所在している。

　国際通貨国の銀行に開設されたコルレス勘定が，国際決済に使われる国際通貨ということになる。

　あるいは，国際通貨ドルというのは，非居住者が保有するドル預金でもある。

　アメリカ以外の国々が別々のアメリカの銀行にコルレス勘定をもっていると，コルレス銀行間での決済が必要となる。結局，アメリカの中央銀行（FRB）をつうじて決済がおこなわれる。ドルの国際取引は，CHIPS（Clearing House Interbank Payment System）をとおしておこなわれる。

　外国為替取引にともなう円の決済は，外為決済制度を形成している日銀ネットをつうじておこなわれる。

（2）外国為替市場

　国際取引の決済において，自国通貨と外国通貨（外貨），あるいは外国通貨間の交換が必要になるが，その場合，外貨の売り手と買い手が外貨を売買することになる。この市場が外国為替市場である。

　外国為替市場への参加者は，

　①銀行を相手に外貨の売買をおこなう企業や個人など，銀行の顧客，

　②銀行，

　③短資会社などの為替ブローカー，

　④中央銀行，

である。

　①は対顧客市場，②は銀行間市場（インターバンク市場）とよばれる。

　為替ブローカーというのは，自己勘定での外貨売買はおこなわず，銀行間市場において，自己勘定で為替を売買（ディーリング）する銀行の為替取引を仲介する機能をはたしている。

　日本銀行は財務省の指示を受けて，外国為替特別会計の資金を使って，銀行間市場に参加している。外国為替相場の乱高下を回避するために，為替介入をおこなうのである。介入資金は，外国為替短期証券を発行して調達する。

　ただ，国内物価安定という使命をはたすうえで，国内外資金移動のコントロールは重要なので，為替相場の安定ということを十分に考慮しながら，ある程度は中央銀行が自己ポジションをもって為替介入ができるようにしなければならない。欧州中央銀行などは，自己ポジションでも為替介入を実行することができる。

　世界の為替市場における一日の取引高は，じつに 2 兆ドルもの規模に達している。しかも，貿易や資本取引などによる為替取引，すなわち実需は 5％ たらずで，為替取引の約 95％ は，投機取引であるといわれている。

（3）銀行の為替持高操作・資金操作

　銀行による特定の外貨についての買越し・売越しを持高という。買越しの状

態を「買持ち」ポジション，売越しの状態を「売持ち」ポジションという。そのさい，為替変動リスクにさらされるので，反対方向の取引（カバー取引という）をおこなう。このような操作が為替持高操作である。

たとえば，銀行の対顧客業務によって，外貨と円に過不足が生ずると，資金ポジションが変化するので，それを調整するが，この操作が為替資金操作である。一例をあげて，みてみよう（1ドル＝100円とする）。

たとえば，

①顧客から100万ドルの3カ月払い輸出手形を買い取り，円を支払う，

②顧客の依頼により80万ドルの送金為替を組み，円の支払いを受ける，

とする。

為替持高という点では，20万ドルの買持ち，ドル資金では80万ドルの資金不足（3カ月後に100万ドル入金），円資金では2000万円の不足ということになる。

市場で3カ月間，100万ドル借り入れて，20万ドルを円に換えると，20万ドルの売持ち解消で，2000万円解消される。

80万ドルはドル資金不足に充当される。

3カ月後に輸出手形の支払い代金100万ドルが入金するので，借り入れ資金100万ドルを返済する。

こうして，為替資金操作が完了する。

第2章

市場の仕組み（2）：為替相場

1　外国為替相場

（1）外国為替相場の表示

　為替相場（為替レート）というのは，ふたつの通貨の間での交換比率である。

　たとえば，1ドル＝120円，などというのは円貨建て（自国通貨建て）為替相場である。1円＝0.0082ドル，などというのは外国通貨建て為替相場である。

　日本は，円の対ドル相場を基準相場にしているので，1ドル＝120円というように表示するのが一般的である。それにたいして，ユーロは，1ユーロ＝1.33ドルというように表示される。これは，対ドル為替相場であるが，もう一方では，日本からみると，1ユーロ＝1.33ドルのように，ドルと日本以外の通貨との為替相場のことをクロス相場という。

　このクロス相場から，1ドル＝120円，1ドル＝0.75ユーロであれば，1ユーロ＝160円ということになる。

　このように，対ドル以外の通貨との為替相場は，各国通貨の対ドル相場をもちいて間接的に為替相場を算出する。この場合に使用されるドルを為替媒介通貨というが，国際通貨・国際基軸通貨とはなにかということをみるときにきわめて大事な機能である。

　ドル以外の外貨と円との為替相場は，裁定相場とよばれる。

（2）銀行間相場と対顧客相場

　銀行が顧客と外貨取引をおこなうさいに適用される相場が対顧客相場である。

銀行が顧客に外貨を売買するときの対顧客相場には，つぎのふたつがある。
① 銀行間相場マイナス1円がT.T.B（Telegraphic Transfer Buying Rate：電信買い相場）
② 銀行間相場プラス1円がT.T.S（Telegraphic Transfer Selling Rate：電信売り相場）

銀行と顧客の間に，資金の立て替えが生ずる場合の対顧客相場は，つぎのようにきまる。
① 輸出業者から銀行がドル建て輸出手形を買い取る場合，銀行が一時立て替えることになる。

　　A/S Buying（At Sight Buying：一覧払い輸出手形買い取り相場）が適用される。

　　T.T.B と A/S Buying の差額が銀行の受け取り利子となる。

　　輸出業者と輸入業者の間で一覧払い後30日，60日，……，150日などユーザンスが設定され，期間が長くなると Credit Buying（期限付手形買取相場）が適用される。

② 輸入の場合，輸出した国の銀行が信用状を発行した銀行から代金を引き落とすが，支払われるのはあとになる。T.T.S に支払われるまでの金利を上乗せした Acceptance（一覧払い輸入手形決済相場）が適用される。

（3）直物相場と先物相場

　直物取引は，売買契約と同時に決済がおこなわれる取引であるが，銀行間取引では，2営業日後に資金の受け渡しがおこなわれる。対顧客直物取引では同日決済もできる。

　3営業日以降に受け渡しがおこなわれる取引が先物取引である。為替予約，先物予約とよばれる。輸出業者などによって，リスク・ヘッジのためにおこなわれる。先物取引で一方向での売買だけをおこなう取引をアウトライト取引という。

　直物売りと先物買い，直物買いと先物売りなど反対方向の取引を同時におこ

なう取引が，スワップ取引といわれる。たとえば，円での借り入れがむずかしい企業が，ドルを借りて直物市場でドルを売って円を調達する。同時に，返済期日にあわせて先物市場でドルを買う。そうすれば，確定した相場で返済日にドルを調達して返済できる。実質的に円での調達と同じである。

　直物取引に適用されるのが直物相場，先物取引に適用されるのが先物相場である。

（4）金利裁定取引

　たとえば，円建て資産金利4％，ドル建て資産金利8％，1ドル＝100円とする。

　100万円の3カ月運用で101万円，1万ドルの3カ月運用で1.02万ドルになる。

　3カ月後も1ドル＝100円とすれば，3カ月後にドルを売って円に換えれば，1万円儲けられる。そうすると，直物でのドル買い，先物でのドル売りが殺到し，円高になる。99円で停止する。

（5）通貨オプション取引と通貨先物取引

　将来のきめられた期日に，きめられた価格で外貨を売る権利（プット），買う権利（コール）を売買する取引が通貨オプション取引である。きめられた期日に，実際に売買される価格が行使価格（ストライク・プライス），権利の価格がオプション料である。

　期日に権利を行使するかどうかをきめるヨーロピアン・オプション，いつでも権利を行使できるアメリカン・オプションがある。一般的には，前者の取引が多い。

　オプション料を支払って権利を購入すれば，あらかじめさだめられた価格で外貨が購入できるので，為替リスクをヘッジすることができる。

　将来のきめられた期日に，きめられた価格で売買をおこなうのが通貨先物取引である。先物価格と現物価格は，同一方向に動くので，一方の買いと他方の

売りを組み合わせれば，手数料はかかるが，損失と利益を相殺できるので，為替リスクをヘッジできる。これが先物・オプション取引におけるヘッジ取引である。

通貨先物取引は，取引額の単位や引き渡し期日など規格化された取引で，期日前に差金決済ができる。先物取引契約を締結するさいには，さだめられた証拠金の差し入れがもとめられ，相場変動で証拠金が不足すると追加証拠金（追証・おいしょう）が発生する。

先物・オプション取引は，売りと買いで成立する。したがって，通常の相場観だけでは，取引は成立しない。そこで，異なる相場観をもつ売り買いが入ることで取引が成立する。これが先物・オプション取引における投機取引である。

通常の相場観と異なって為替相場が動けば，投機取引によって，大きな収益をあげることができる。先物・オプション取引では，この投機取引や裁定取引によって，流動性が高まり，取引が活発化するので，これらの取引は，重要な経済的機能をもっている。

（6）為替相場の決定メカニズム

外国為替相場は，基本的には，需要と供給によってきまる。たとえば，日本の貿易黒字が増えれば，ドルを売って円を買う動きが強まり，円高傾向になる（図2-1）。

もしも，円を売りたい人が1人しかいなくて，ドルを1ドル＝110円，1ドル＝120円，1ドル＝130円で売りたい人が3人いれば，円を売りたい人は，通常は，より少ない円貨ですむ1ドル＝110円で売るであろう。結局，為替相場は，1ドル＝110円ということになる。

どうしてもドルを売りたいという人がもう1人出てきて，1ドル＝100円で買ってくれといえば，そこで取引が成立し，為替相場は1ドル＝100円ということになる。

しかし，実際には，経済のファンダメンタルズ，金利差，投機資金（全為替取引の95％），キャリー・トレード（円借り取引），通貨当局による為替介入の

図2-1 円・ドル為替相場の事例

外国為替相場の決定のケース

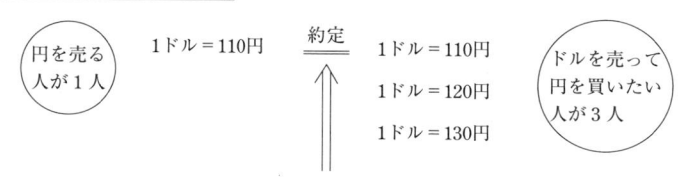

円を売る人が1人　　1ドル＝110円　　約定　1ドル＝110円　　　ドルを売って円を買いたい人が3人
　　　　　　　　　　　　　　　　　　　　1ドル＝120円
　　　　　　　　　　　　　　　　　　　　1ドル＝130円

為替相場は1ドル＝110円で決定
円を売る人が少ないので，110円あれば1ドルが手に入る。

為替差益と差損のケース

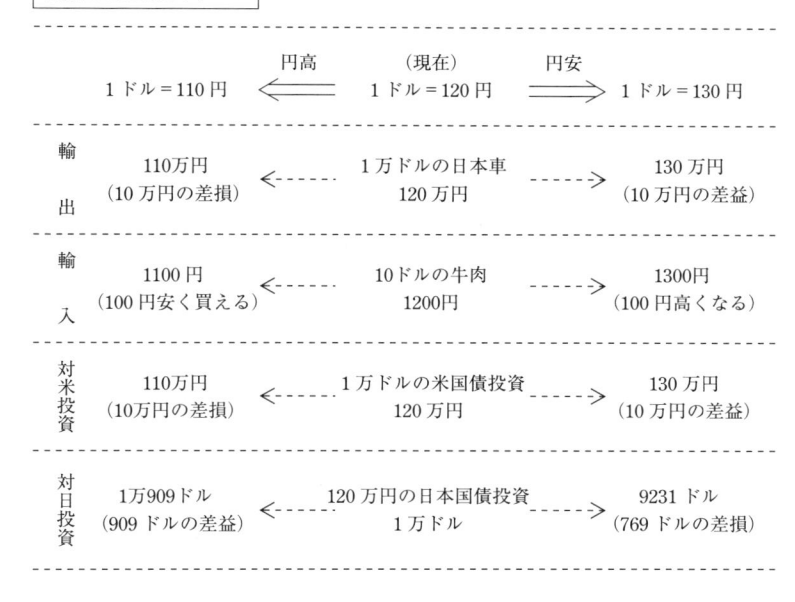

	円高　←	（現在）	円安　→
	1ドル＝110円	1ドル＝120円	1ドル＝130円
輸出	110万円（10万円の差損）	1万ドルの日本車 120万円	130万円（10万円の差益）
輸入	1100円（100円安く買える）	10ドルの牛肉 1200円	1300円（100円高くなる）
対米投資	110万円（10万円の差損）	1万ドルの米国債投資 120万円	130万円（10万円の差益）
対日投資	1万909ドル（909ドルの差益）	120万円の日本国債投資 1万ドル	9231ドル（769ドルの差損）

情報，インフレ，などさまざまな要因によってきまる。為替相場の動向を予測するのは困難であるが，実際に為替取引をおこなっているディーラーによれば，通貨当局の動向が大きく影響するという。

　為替相場の決定について，つぎのような考え方がある。

　絶対的購買力平価説は，ハンバーガーが日本で120円，アメリカで1ドル，

であるとすれば，1ドル＝120円となるというものである。

相対的購買力平価説は，為替相場の変化率＝日本の物価上昇率－アメリカの物価上昇率によってきまるというものである。

アセット・アプローチは，カバーなし金利平価，すなわち各通貨建て資産の収益率の変化が重要決定要因であるというものである。

オーバーシューティング・モデルは，為替相場が一時的に長期均衡値を上回る現象をいう。

合理的予想形成モデルは，現在と将来のファンダメンタルズの変化に反応する先読み変数である。

（7）金利・インフレと為替相場

為替相場は，金利格差やインフレ率の違いによっても大きく左右される。

二国間に金利格差があれば，金利の低い国から高い国に資金が移動するので，高い国の為替相場が高くなる傾向がある。A国が金利を据え置いて，B国が金利を引き上げれば，資金がA国からB国に流出するので，B国の通貨が買われて高くなる傾向がある。

日本で超低金利がつづいたので，日本で資金を調達して，アメリカやヨーロッパ諸国に投資された。円売りドル・ユーロ買いが大量におこなわれたので，2003年あたりから円安が続いた。これがキャリー・トレード（円借り取引）である。日本が金利を引き上げていけば，金利格差が縮小し，円高が進行することになる。

インフレによっても為替相場が変動する。アメリカではインフレが起こらず，日本でインフレが起こって物価が倍になったとする。

インフレ前に1ドル＝100円であったと仮定すれば，日本で1台100万円の自動車は，アメリカでは1万ドルということになる。

日本でインフレが進行して，自動車が1台200万円に値上がりすれば，1ドル＝100円のままだと，アメリカには，2万ドルで売らなければ損をする。インフレが起こっていないアメリカで，2万ドルだと売れない。1万ドルでなけ

ればならないので，為替相場が1ドル＝200円となり，円安となる。

したがって，国際金融市場や国際資金移動がここまで自由化された現在では，日本だけで高いインフレを起こすことはできなくなる。

日本だけ物価が倍になれば，上の例では，100万円は，物価が倍になっても元本はそのままである。でも，200万円にならなければ，価値は半分になっている。そこで，1ドル＝100円のときに1万ドルのドル預金をし，物価が倍になったときに，1ドル＝200円で円を買えば，200万円手に入れることができる。こうして，インフレヘッジが可能となる。

財政赤字が天文学的水準にいたっている日本で，インフレ政策によって，財政赤字「削減」ができないのはそのためである。インフレが高進すると，大量の資金が日本から海外に流出し，日本経済が崩壊してしまうからである。

2 為替政策と為替介入

(1) 為替政策

通貨管理に責任をもつ通貨当局が，外国為替相場に影響をおよぼす経済政策が為替政策である。

為替相場制度には，つぎのようなものがある。

①変動相場制は，為替相場の変動を基本的にマーケットにまかせるというものである。

②ドル・ペッグ制は，自国通貨をドルに固定する制度である。ドルにたいする中心相場を設定し，その上下に為替変動幅を設ける。そのなかで，中心相場を少しずつ継続的に切り上げ，ないし切り下げするのをクローリング・ペッグという。厳格に固定するのがドル固定相場制度である。

③カレンシー・ボード制は，自国通貨を安定した外貨と固定相場で無制限に交換するものである。インフレを抑制しながら，外国からの資金流入による経済成長が可能となるが，ドルにたいして採用すれば，事実上のドル化となり，自国において，裁量的な金融政策ができなくなってしまう。

④ターゲット・ゾーン（目標相場圏）は，平価または中心レートの変動許容範囲の上限と下限をあらかじめ設定し，市場介入により為替変動幅をその範囲におさえようとするものである。中心レートから上下 2.25% に相場変動をおさえた欧州通貨制度（EMS）などがある。レファレンス・ゾーン（参考相場圏）というのは，ターゲット・ゾーンよりゆるやかな制度である。

⑤バスケット・ペッグ制は，複数の通貨で構成された人工的な通貨（バスケット通貨—たとえば ECU など）にペッグするものである。このシステムのほうが極端な為替変動を回避することができる。

（2）為替介入

為替相場の安定のために，財務大臣の指示で，外国為替資金特別会計（外国為替資金証券の発行により調達）を使って，日本銀行が実施するのが為替介入である。

複数の国が同じ方向でおこなう為替介入が協調介入である。

為替介入や協調介入の目的は，外国為替相場の乱高下をふせぐことにある。過度の自国通貨安への誘導は，近隣窮乏化政策となるので，禁止されている。基本的には，自国通貨が安くなればなるほど，輸出価格が安くなり，輸入価格が高くなり，輸出が増えて，輸入が減り，自国の貿易が有利になるからである。

ちなみに，円売り・ドル買い介入によって，日本のマーケットに大量の円が過剰に供給されたら，日銀が短期証券の発行・売却によって過剰資金を回収し，インフレを阻止する政策を不胎化政策という。インフレ誘導などのために，短期証券の発行・売却をおこなわない政策を非不胎化政策という。

通貨当局などによる発言で為替相場を動かそうというのが口先介入である。

日本では，日本銀行は，原則として，自己ポジションでの為替介入はできないが，ユーロ圏では，為替介入の権限は欧州中央銀行と経済・財務閣僚理事会（ECOFIN）の双方がもっている。それは，物価の安定に必要な場合には，中央銀行が積極的に為替介入をおこなうことが必要だからである。

（3）国際金融のトリレンマ

　自由な資本移動，固定為替相場制，金融政策の独立性の三つは同時に成立しないという考え方が，国際金融のトリレンマといわれるものである。

　マンデル・フレミング・モデルによれば，自由な資本移動のもとで固定為替相場制を採用している国が，拡張的金融政策をとれば，金利低下によって資本収支が赤字となるなど為替減価圧力がかかるので，通貨当局は，自国通貨買いの為替介入をしなければならない。その結果，マネーサプライがもとに戻り，金融政策の独立性が確保されなくなる。

　金融政策の独立性を確保するには，固定相場制を放棄しなければならないということになるのである。

3　欧州通貨制度

（1）制度の仕組み

　1979年3月13日に発足した欧州通貨制度（EMS：European Monetary System）は，72年のヨーロッパ為替相場同盟（いわゆる「スネーク」）に代わるものであり，EUにおける通貨関係の既存の，また新規の規則を統合したものであった。

　その目的は，「ヨーロッパにおける安定的な通貨ゾーン」を形成することにあったが，そのさい，EMSの永続的な成功は，EU加盟国内外の為替安定政策にとって，また赤字国ばかりでなく，黒字国の経済発展にとっても重要なものであった。

　EMSは，
　①為替相場制度（ERM：Exchange Rate Mechanism），
　②ERMを有効に機能させるための信用供与制度，
　③ヨーロッパ通貨単位（ECU：European Currency Unit），
の三つの要素から構成されていた。

（2）為替相場制度

EU加盟国相互間の為替安定をはかるための介入制度が為替相場制度（ERM）である。介入の方式には，パリティ・グリット方式とECU乖離指標方式のふたつあった。

パリティ・グリット方式というのは，ERMの中心的介入方式であって，その内容はつぎのとおりである。

① 基準相場決定方式―各国の対ECU中心レートを決定し，その中心レートを仲介して二国間通貨の基準相場を算定する。

② 為替相場の変動幅―基準相場にたいして±2.25％，ただし，イタリアとスペインは，±6％が認められていたが，イタリアは，変動幅を1990年1月から±2.25％に縮小した。

③ 為替相場への介入―変動幅の上下限に達した場合に，該当する二国の中央銀行による無制限の介入が義務付けられていた。1987年9月に変動幅の上下限に達する前に，自発的に小刻みに介入する方式が導入された。

④ 介入通貨―原則としてERM参加国の通貨であるが，ドルによる介入もあった。

このパリティ・グリット方式を補完するのがECU乖離指標方式で，ECU中心レートの上下に一定幅の乖離限度（早期警報点）を設定するものである。変動幅をECUウェイトによって調節した最大乖離限度を算出し，その75％が乖離の限度である。

中央銀行は，為替介入や中心レートの修正，国内金融政策・経済政策の変更などの予防的措置をとる。なお，介入通貨は複数通貨である。

（3）信用供与制度

短期通貨支援は，予期せぬ事態ないし景気循環過程のずれによる国際収支の一時的悪化のさいに融資するものである。期間は3カ月間であるが，依頼により3カ月の延長が2回まで可能であり，最大信用供与額は140億ECUであった。

短期通貨支援は，通常，それを供与することに同意した国の通貨で表示されるが，超短期ファイナンス制度により生じた債務を延長して，短期通貨支援が適用される場合には，ECU建てで表示される。短期通貨支援の利用にさいしては，中央銀行総裁会議の全会一致の決定が必要であった。

中期通貨支援は，ECU建てで表示され，その期間は2年から5年，最大信用供与額は110億ECUであった。

信用供与は，ヨーロッパ通貨協力基金（FECOM）をつうじておこなわれた。FECOMは，公的ECUの発行のほかに，超短期ファイナンスと短期通貨支援など，各種の制度の効果的，自主的管理をおこなった。

（4）ECU

EU（EEC／EC）で最初に計算単位が使われたのは，1950年に設立されたヨーロッパ支払い同盟（EPU）であって，その一単位の価値は，1ドル相当の金に匹敵するものであった。しかし，1970年代にはいって，世界の通貨はそれまでの固定相場制から変動相場制に移行し，EUにも複数の計算単位が存在するようになった。

1975年には，EU加盟国の通貨を特定の比率で組み入れ，域外国にたいしては，日々の価値が変動するバスケット型の計算単位を創出することが決定され，ヨーロッパ通貨単位（EUA）と名付けられた。

1979年にEMSが発足したさいには，このEUAがそのまま計算単位として残されたが，その後，見直しがおこなわれ，EUAという名称がECUに変更された。ECUは，79年4月から共通農業政策の計算単位として使用されはじめ，81年以降には，すべての分野でEUAに代わって使われるようになった。

ECUは，バスケット型の通貨であり，EU加盟国は，ECUに関して，

①バスケット内に自国の経済力を反映する持ち分を有し，

②ECUのなかに各国の通貨を特定の比率にもとづいて組み込むこと，

が必要であった。

ECUには，イギリスが創立当初より参加し，ギリシャは1984年に，スペイ

表2-1　ECUへの各国通貨組み込み比率と1ECUあたりの価値（カッコ内）

ドイツ・マルク	=30.10%	（1 ECU＝2.07487 マルク）
オランダ・ギルダー	= 9.40%	（1 ECU＝2.33937 ギルダー）
ベルギー・フラン	= 7.60%	（1 ECU＝43.4768 フラン）
アイルランド・ポンド	= 1.10%	（1 ECU＝0.777864 ポンド）
ルクセンブルグ・フラン	= 0.30%	（1 ECU＝43.4768 フラン）
イタリア・リラ	=10.15%	（1 ECU＝1495.35 リラ）
デンマーク・クローネ	= 2.45%	（1 ECU＝8.06449 クローネ）
フランス・フラン	=19.00%	（1 ECU＝7.01213 フラン）
ギリシャ・ドラクマ	= 0.80%	（1 ECU＝180.120 ドラクマ）
イギリス・ポンド	=13.00%	（1 ECU＝0.674691 ポンド）
スペイン・ペセタ	= 5.30%	（1 ECU＝129.586 ペセタ）
ポルトガル・エスクード	= 0.80%	（1 ECU＝173.147 エスクード）

ン，ポルトガルが89年からECUバスケットに組み込まれた。

　スペイン，ポルトガルが参加した1989年9月21日現在の各国通貨の組み込み比率，および1ECUあたりの価値（カッコ内）は，**表2-1**のとおりであった（ただし，1ECUあたりの価値は，ベルギーとルクセンブルグは統一して算出されている）。

　ECUは，

　①ERMの表示単位，

　②乖離指標の基準，

　③為替介入および信用供与メカニズムの双方の運営上の指標，

　④EUにおける通貨当局間の決済手段，さらに支払い準備通貨，

としての役割をはたした。

（5）ERMの表示単位

　ECUに課せられた第一の使命は，EMSの為替相場制度の単位名としての機能である。中心レートの調整は，まず二国間の為替レートを基準として，当該通貨の切り上げ，ないしは切り下げの幅が交渉によって決定され，その後に，ECU建て中心レートが計算された。

（6）乖離指標の基準

この指標は，一種の早期警戒システムとして作用した。ある国の通貨の為替相場がEMSに参加するほかの国の通貨の平均的な為替相場から乖離すると，乖離幅が大きくならないうちに，当該通貨を知らせるシステムだからである。早期警戒システムがはたらくと，関係当局は，適切な手段を講じてそのような事態を改善していくことが必要であった。

（7）為替介入および信用供与メカニズムの双方の運営上の指標

EMSにおいては，ある国の通貨がほかの国の通貨にたいして±2.25％の許容変動幅をはみ出すおそれがある場合には，介入することが義務付けられていた。

すなわち，強い通貨をもつ国の中央銀行は，弱い通貨を買い入れると同時に，弱い通貨をもつ国の中央銀行は，強い通貨の売り介入をおこなうが，一方の中央銀行に十分な外貨準備がなければ，もう一方の中央銀行から必要な通貨を借り入れることになる。

そのためには，相互に利用できる短期で金額に制限のない信用供与制度が必要とされる。それがヨーロッパ通貨協力基金（FECOM）である。

（8）EUにおける通貨当局間の決済手段

EUは，通貨当局間に生ずる貸借バランス調整を仲介する。また，ECU建ての債務への支払い利子もECU建てで支払われた。

（9）支払い準備通貨

ECUは，計算単位というばかりでなく，決済および準備通貨の単位としての役割をはたすことを期待された。

EU加盟国は，各国が保有する金準備の20％とドル準備の20％をFECOMに預け入れ，それと引き換えにFECOMは，EU加盟国にたいしてECUによる信用供与をおこなった。

(10) 公的 ECU と民間 ECU

ECU には，公的 ECU と民間 ECU があった。公的 ECU は，EMS のなかで中央銀行間でのみ使用されるものであり，民間 ECU は，一般の金融・証券市場で使用されるものであった。上述した ECU の役割は，公的 ECU に該当するものである。

民間 ECU は，公的 ECU の使用が広まっていく過程でその使用が拡大してきた。国際債市場での ECU 建て債券の発行比率は，1986 年の 3.8％ から 88 年の 6.3％ に上昇した。

(11) EMS への参加者

参加者の中心は，あくまで EU 加盟国であったが，1978 年 12 月の EMS の創設に関する決議は，つぎのように規定していた。

①EMS のもつ永続性とその国際的影響は，域外諸国にたいする為替相場政策の協調とこれらの諸国の通貨当局との可能なかぎりの協力を必要とする。

②EU ととくに密接な経済・金融上の結び付きをもつヨーロッパ諸国は，為替相場および介入のメカニズムに参加することができる。

第3章

市場の仕組み（3）：国際収支

1　国際収支の概要

（1）国際収支の概念

　1カ月，四半期，1年など，ある一定期間に，居住者と非居住者の間でおこなわれたすべての経済取引を，発生主義と複式簿記の原則によって記載したものが国際収支表・国際収支統計である。

　居住者というのは，1年以上，その国に居住して経済活動をおこなっている主体で，どの国籍を有しているかということとは直接関係がない。たとえば，外国企業の支店，子会社などは居住者である。日本企業でも外国にある支店，子会社などは非居住者である。

　ただし，日本人の海外旅行者や海外への短期的な滞在者，日本での長期滞在であっても留学生は生活費の源泉が海外にあるとされるので，非居住者とみなされる。外国の在日大使館・領事館や軍事施設などもそうである。

　発生主義というのは，それぞれの取引が決済された時点ではなく，取引がおこなわれた時点で計上されるというものである。すなわち，所有権が移転した時点での経済取引が記録される。たとえば，輸出の場合には，商品が税関を通過した時点で国際収支表に記載される。

　複式簿記の原則というのは，それぞれの経済取引が，貸方（受取勘定）と借方（支払勘定）に同時に計上されるという原則である。たとえば，100万ドルの財を輸出すると貸方に財の輸出100万ドル，借方に金融資産の増加100万ドルが計上される。

国際収支表は，複式簿記の原則によって記載されるので，貸方と借方の合計は等しくなる。

(2) 国際収支表

政府や日本銀行は，1996年1月の「IMF国際収支マニュアル第5版」にもとづいて国際収支表を作成している（図3-1）。

一国が外国とおこなう経済的取引を体系的にまとめたものが国際収支表で，経常収支，資本収支，誤差脱漏，外貨準備増減からなっている。

経常収支は，財・サービスの輸出入，配当や利子の受け渡し，経済援助などの所得移転などをふくむもので，貿易収支・サービス収支，所得収支，経常移転収支からなっている。経常収支は，国内の生産・消費，雇用に直接影響し，GDPと密接に関係しているので，もっとも重視される指標である。

貿易収支は，財の輸出から輸入を差し引いたもので，通関統計をもとにして作成される。

サービス収支は，財の貿易以外のサービス取引の収支で，国際的な財や旅客の輸送費，海外旅行の滞在費，その他からなっている。

所得収支は，非居住者である雇用者の報酬，投資収益などからなっている。

経常移転収支は，対価をともなわない財・サービス・資金の一方的支払いや受け取りで，対外援助などが中心である。外国人労働者の本国への送金，外国からの遺産の受け取りや外国の大学や慈善団体への寄付行為などもこれにはいる。

資本収支は，外国との資本の流出入をあらわしたもので，投資収支とその他の資本収支からなっている。

投資収支は，外国企業への経営参加のための証券取得をおこなう証券投資収支，資産運用目的で証券を取得する証券投資収支，その他の投資収支などからなっている。

資本取引では，外国の証券の取得などは，資産の輸入なので財と同じように輸入となり，資本が出ていくので資本の流出ということになる。逆に，日本の

第3章 市場の仕組み（3）：国際収支

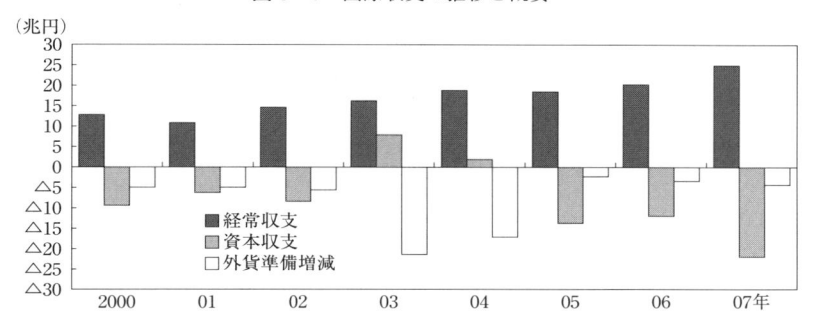

図3-1 国際収支の推移と概要

(兆円)

凡例：
■ 経常収支
▨ 資本収支
□ 外貨準備増減

(億円)

	2004年	2005年	2006年	p 2007年
経常収支	186,184	182,591	198,488	250,012
貿易・サービス収支	101,961	76,930	73,460	100,775
貿易収支	139,022	103,348	94,643	123,791
輸出	582,951	626,319	716,309	797,239
輸入	443,928	522,971	621,665	673,448
サービス収支	△37,061	△26,418	△21,183	△23,016
所得収支	92,731	113,817	137.457	162,730
経常移転収支	△8,509	△8,157	△12,429	△13,493
資本収支	17,370	△140,068	△124,665	△219,166
対外直接投資	△33,487	△50,459	△58,459	△86,182
対内直接投資	8,456	3,059	△7,566	26,479
対外証券投資	△200,201	△235,674	△96,890	△129,368
株式	△32,903	△25,406	△30,550	△29,689
中長期債	△173,990	△220,246	△77,255	△102,434
短期債	6,692	9,978	10,914	2,756
対内証券投資	218,993	203,461	221,985	249,267
株式	105,958	139,786	98,554	54,204
中長期債	64,090	72,321	84,599	105,246
短期債	48,944	△8,646	38,832	89,817
金融派生商品	2,590	△8,023	2,835	3,216
その他投資	26,493	△47,019	△181,081	△278,227
外貨準備増減	△172,675	△24,562	△37,196	△42,974
誤差脱漏	△30,879	△17,960	△36,627	12,127
経常収支対名目GDP比率(%)	3.7	3.6	3.9	4.8

(注) 1：△印は赤字ないし資本流出。外貨準備増減は、△印が増加を指す。
　　 2：証券投資およびその他投資は証券貸借取引を除くベース。
　　 3：pは速報を表す（以下同じ）。
(出所) 日本銀行。

企業が外国で証券発行によって資金を調達すると，証券という資産の輸出になり，資本が流入するということになる。

公的部門の外貨準備には，政府の保有する金，IMFポジション，外貨，SDR（特別引き出し権），外国中央銀行からの預かり金などがある。

国際収支統計は，複式簿記で作られているので，国際収支はバランスする。しかし，国際収支をバランスさせることはかなりむずかしい。輸入が拡大して貿易赤字が増えれば，その支払いにあてるとともに国際収支をバランスさせるために，外国から借金などをして資本収支を黒字にしなければならない。ところが，あまりにも貿易赤字が増えれば，返済のめどがたたなくなり，外国から借金ができなくなる。そこで，節約して輸入を減らすとともに，一生懸命働いていいもの作りにはげんで輸出を増やさなければならない。

国際収支均衡が大原則であるにもかかわらず，アメリカは，自国の利益のために，ドルが基軸通貨の地位にあることを利用して，世界から財を買いまくって，膨大な経常収支赤字を垂れ流し，ドル暴落の危険性をかかえている。

2 経常収支の概要

(1) 貿易収支

財の輸出と輸入の差額が貿易収支である。

経済産業省作成の通関統計では，輸出がFOB（Free on Board：本船渡条件）建て，輸入がCIF（Cost, Insurance and Freight：運賃・保険料込み）建てで計上されている。

日本銀行作成の国際収支統計では，輸出入ともにFOB建てで計上され，運賃と保険料はサービス収支の項目に計上される。

国際競争力のある商品を輸出し，競争力のないものを輸入して，貿易黒字を拡大するというのは，きわめて経済合理性があるようにみえる。しかし，農業生産性が低いからといって農産物輸入を完全に自由化すれば国内の農業は壊滅するし，工業生産も発展段階にあると，保護貿易によって，競争力をつけるま

で国内市場をまもる必要が出てくる。

　日本は，従来，貿易黒字が多く，たびたび貿易摩擦問題を引き起こしてきた。ドイツも貿易黒字が多いが，日本ほどは外国からの批判を受けない。それは，ドイツは，日本とちがって，EUに加盟し，財の輸入も多いからである。EUの市場統合は，域内諸国のヒト，モノ，カネ，サービスの移動の自由化をはかろうとしたもので，域内分業を構築するための新しい取り組みである。

　財を輸出しすぎると，輸出先国の経済を疲弊させてしまうこともあることが考慮されなければならない。よりよいものをより安くというのは，一国経済のなかでのみ通用する論理だろう。だから，円高と賃金上昇という要因もあるが，対外直接投資によって現地生産が増えることは，雇用もある程度確保できるのでそのかぎりでは好ましいことである。

　日本のように，アメリカに工業製品を輸出するので，農産物を輸入しなければならないとして，日本の農業を疲弊させるというのは，避けなければならない。自然条件に大きく影響を受ける農業と工業的に再生産できる財とを，貿易というレベルにおいては，同次元で論じてはならないからである。

　やはり，国民の生活の大前提である食料は，最大限自国で確保しなければならないであろう。リカードの比較生産費説というのは，食料生産も含めて，相対的に競争力のある財に生産を特化すれば，経済的な効率が高まるというものである。しかしながら，国民生活に不可欠な農産物は除外されるべきである。

　いままでの日本では，国際競争力のある財をどんどん輸出して企業が儲ければいいし，競争力のない財は，輸入したほうが安く手にはいるので国民の利益になるという考え方が主流であった。

　アメリカは，国際競争力のない工業製品をどんどん輸入している。国際競争力のある農産物，軍需品，金融商品などを売っている。だが，その方法は，たとえば狂牛病の検査を十分におこなわない牛肉を売りつけようとしたり，他国の脅威をあおって兵器を買わせたり，金融ビッグバンをせまって膨大な金融収益を獲得するというものである。

　日本は，対外直接投資を拡大して現地生産を増やしているし，中国経由でア

メリカへの輸出を増やしているので，日本の海外諸国との貿易摩擦は以前ほど深刻ではなくなってきている。

（2）サービス収支

　居住者と非居住者の間でのサービスの取引の差額がサービス収支で，運輸，旅行，その他（通信，建設，金融，情報，特許使用料など）で構成されている。

　所得収支には，労働と資本が国際間を移動することから発生する「果実」が計上される。労働の対価としての雇用者報酬，対外投資の対価としての投資収益（直接投資収益，証券投資収益など）からなっている。

　経常移転収支は，対価をともなわない取引のうち，食料や医療などのように提供された価値が経常的消費に使われる無償資金供与，国際機関への分担金，労働者の送金が計上される。

　本来であれば，経常収支の赤字が激増するということはない。国民の生活水準をあげるために，いいもの作りにはげみ，国内でどうしても生産できないもの，たとえば，原材料や食料などを輸入するだけだからである。ぜいたく品や生活にそれほど必要でないものの輸入には，高い関税をかけて輸入をしないようにすることも必要だからである。

　しかしながら，アメリカだけは，自国通貨であるドルが世界で受け取ってもらえる国際基軸通貨なので，貿易収支の赤字に頓着なく，外国から財やサービスを購入しつづけることができる。農産物や軍需品，金融商品を販売したところで，広範な需要のある消費財購入の赤字をとうてい補填することなどできないことが大問題なのである。

　ところが，ドル高政策を採用し，景気のてこ入れをおこなうことで，世界の資金をアメリカに吸収すれば，貿易赤字の相殺ができる。諸外国がアメリカ国債に投資をすれば，当然，利払いが必要になる。こうして，経常収支の赤字は，8000億ドルを超える巨額の規模に達した。

　アメリカは，このドルでの石油売却代金の受け取りを拒否したイラクのかつてのフセイン政権を倒した。アメリカの世界にたいする純債務が3兆ドルあま

りに達している現在，返済能力はほとんどないであろう。アメリカへの売却代金を「紙」幣のドルではなく，たとえば輸出によって稼ぐしかないユーロで要求されたら，アメリカは，外国から消費財をほとんど購入できなくなる。イラクの元フセイン政権打倒の経済的動機は，ドルの受け取りを拒否したらこうなるということのみせしめではなかろうか。

アメリカは，1990年代中葉，ドル高誘導をおこなって世界から資金を引き付けて未曾有の好景気を謳歌したが，その帰結というのは膨大な経常収支赤字の累積である。イラク侵攻の失敗で財政赤字も膨大なものとなり，「双子の赤字」にふたたび苦しめられつつある。

膨大な経常収支赤字の垂れ流しが，どこまで可能なのかは不明である。ドルが暴落すれば，世界の投資家が深刻な為替差損をこうむるので，そう簡単にはドルを売れないからである。それよりも重要なことは，アメリカが経常収支赤字を垂れ流すということは，逆にいえば，アメリカが世界の需要を喚起しているということでもある。もっぱら，日本と中国が暴落の危険性をはらむドルを買いつづけている。ヨーロッパ諸国は，それを拒否して，ドルにたいするヘッジ通貨としてユーロを導入した。

3　資本収支

(1) 投資収支

直接投資には，海外企業株式の10％以上の取得，海外の不動産への投資が計上される。

証券投資は，株式，債券への投資が計上される。

金融派生商品は，IMFマニュアル改定で2002年1月から独立の構成項目となった。

その他投資には，貿易信用や借款・貸付などが計上される。

経営参加や技術の提携を目的として，外国企業の株式を取得したり，貸付をおこなうことを対外直接投資という。国際収支統計では，外国企業の株式の10

％以上取得した場合に直接投資とみなされる。

　それにたいして，外国企業の株式の10％以下しか取得していない場合は，株式投資による配当の受け取りや売買益の取得が目的であるとして，証券投資に分類される。ただし，その場合でも，経営に参加しているという事実がある場合には，直接投資とみなされることもある。

（2）その他資本収支

　資本移転収支（相手国のインフラ整備など資本形成のための無償資金援助，固定資産の贈与，債務免除など）と，その他資産（特許権，営業権の稼得部分など）からなっている。

（3）国際資本移動

　1980年代には，円高によって輸出価格が上昇したり，為替差損が増大したので，直接投資をおこなう企業が増えてきた。さらに，貿易摩擦を回避するために，マーケットに生産拠点を作り上げた。

　日本の直接投資の特徴は，欧米諸国とくらべて東アジア諸国への投資が多いことである。それは，とくに平成不況下で，低賃金をもとめて労働集約型産業を中心に直接投資を増やしてきたことによるものである。直接投資は，進出先の雇用機会を増やすことになり，輸出にくらべると摩擦は少なくなるが，逆に，本国経済の停滞，いわゆる産業の空洞化がすすむことになる。

　本来は，企業の収益機会の拡大のために，直接投資や証券投資をおこなうというのではなく，国内の生活基盤整備や生活水準の向上に資金を振り向けたほうがいいだろう。また，経済共同体を形成して，発展途上国の地球環境と調和のとれた経済成長や国民の生活水準の向上のために資金を投入するというのが好ましいであろう。

　だが，アメリカ型経済システムの立場からすると，金融資本や企業がより有利な収益機会をもとめて世界中をかけめぐるのは，好ましいということになる。国民の生活水準の向上や諸外国の地球環境と調和のとれた経済成長に寄与する

というのは，それだけ収益性が低下する可能性が高いからである。

　日本において，景気がよくなってきたというのに，庶民に実感がわかないとよくいわれるのは，GDPの拡大に寄与するのが輸出の拡大であり，企業が輸出で稼いだ利益を従業員に還元するのではなく，アメリカなどの金融市場で運用してさらに利益をあげようとしているからである。バブル期以外に経験のない内需拡大型経済成長に苦手な日本の悲劇である。

　アメリカに大量の資金が流入して，資本収支の黒字が巨額になるということは，返済が大変になるということであり，利子の支払いが増えて経常収支の赤字も増加するということである。それだけ，国際通貨システムの不安定性が高まることになる。

　日本の資本収支においても，外国からの証券投資が増えるということは，それが株式購入に投入されているうちは株価も上昇するが，引き揚げられたら暴落してしまうということも意味している。

4　外貨準備と誤差脱漏

（1）外貨準備

　通貨当局の保有するいつでも使用できる外貨建ての金融資産が外貨準備であって，金，IMFポジション，SDR（特別引き出し権），外国為替（外貨），外国中央銀行からの預かり金で構成されている。

　SDRは，1969年にIMFに一般会計とはべつに設けられた準備資産である。

　外貨準備は，増加するとマイナスの符号が，減少するとプラスの符号でしめされる。

　通貨当局が外国為替市場への介入などのために，直ちに使うことができるよう保有しているのが外貨準備である。本来は，十分な外貨準備を保有するのは好ましいことであろう。

　たとえば，1997年に，タイ・バーツが投機筋に売り浴びせられたとき，外貨準備が十分にあれば，買い支えることができたからである。十分な外貨準備

がない場合，緊急に外貨を借りられるシステムが整っていれば，みすみす投機筋にぼろ儲けさせることはなかった。アメリカ型経済理念からすれば，投機に遭うような経済運営をしているのが悪いということになる。

　もちろん，その主張には一理ある。タイは，自国通貨をドルとリンクさせて，外資を導入し，経済成長させようとした。為替リスクがないので，大量の外資がタイに流入し，表面的には，経済が大いに発展した。だが，産業基盤が十分でないタイに大量の資金が流入しても，投資機会が限定されていたので，結局，不動産投機に資金が投入された。

　おりしも，アジア通貨危機の直前，アメリカのドル高政策によって急速に円安がすすんでいた。そうすると，ドルとリンクしているバーツも，円にたいして高くなってしまった。

　このようなバブル的経済成長と対円でバーツ高という矛盾を投機筋にねらわれたのである。投機は，経済運営の不合理さをついてくる必要悪的な存在である。したがって，タイは，変動相場制に移行して，金融再編や経済構造改革を断行せざるをえなくなった。

　やはり，国際資本移動などは，ある程度は規制をして，経済力を強化して，輸出を増やし，外貨準備を十分に積むような努力をするのがよいだろう。昨今，国際的投機によって，原油や原材料ばかりか食料価格まで暴騰し，ひとびとの生活はすさまじい被害を受けている。国際的投機にたいするある程度の規制は不可欠である。なんでもかんでも規制を緩和すればいいというものでもない。

　ここで問題なのは，日本と中国だけが外貨準備をいちじるしく増加させていることである。アメリカは，国民に過剰消費を推奨して輸入を拡大し，世界から大量の資金を吸収して，株高を維持してきた。円高・元高・ドル安の圧力が強まっている。本来であれば，自国通貨高を容認して，賃金の引き上げ，福祉の充実などによる内需拡大に邁進するのがいいだろう。

　しかし，日本と中国は，自国通貨高をなんとしても阻止しなければならない。そこで，大量のドル買い・自国通貨売りをおこなう。タイのケースと違って，自国通貨高の防止なので，ドル購入資金は，自国の輪転機でいくらでも刷れる。

こうして，アメリカの経常収支赤字が増えれば増えるほど，日中がドル国債を買ってくれるので，奇妙なことにアメリカの国際収支は，自動的にバランスする。だから，ドルが暴落すれば外貨準備はパーになる。日本の外貨準備の含み損は，じつに数十兆円あるといわれている。

（2）誤差脱漏
　国際収支表は，複式簿記の方式で記載されているので，貸方と借方は一致するはずであるが，厳密なデータがとれないことが多い。そこで，調整項目として設けられているのが誤差脱漏である。

第4章
市場の仕組み（4）：国際通貨

1　国際通貨と国際基軸通貨

（1）信用貨幣

　本来，貨幣というのは，価値を有する金ないしは銀である。したがって，金本位制下では，金が世界貨幣であり，金兌換紙幣は，すべて国際通貨であるということもできる。

　ここで，
　1円　　＝金 0.75 グラム，
　1ポンド＝金 7 グラム，
　1ドル　＝金 1.5 グラム

と仮定すれば，イギリスのある製品 3 ポンドは，日本で 28 円，アメリカで 14 ドルと表示されることになる。

　国際的に金本位制にある下では，事実上の固定相場制となる。

（2）金現送点

　1816 年の純金の法定価格は，
　1 オンス＝4.247 ポンド
　1 オンス＝20.67 ドル

だったので，1ポンド＝4.866 ドルということになる。これが為替平価である。

　1 ポンドあたりの金現送費（金の輸出入の輸送費，保険料，金利など）を 0.040 ドルとすれば，為替相場は，

1ポンド＝4.866ドル（為替平価）±0.040ドル（金現送費）

ということになる。

為替相場が，下限の1ポンド＝4.826ドルを超え1ポンド＝4.820ドルのポンド安になるとすればどうなるか。

イギリス当局から1ポンドで金を買い，これをアメリカに輸送すれば，4.866ドルを取得できるが，現送費0.040ドルかかるので，4.826ドルを受け取ることができる。

これを1ポンド＝4.820ドルのポンド安のときに買えば，1.0012ポンドとなり，0.0012ポンドの儲けとなる。この儲けは，裁定取引による裁定利益という。

結局，儲けがなくなる1ポンド＝4.826ドル以上のポンド安にはならない。逆も同じことである。

金輸出入をともなう上限と下限（4.906ドルと4.826ドル）が金現送点とよばれるものである。

（3）国際通貨

外国為替取引というのは，国際間の債権・債務を国内の債権・債務に振り替えて，国際的決済がおこなわれる取引である。

さまざまな国との取引における多角的決済は，ひとつの通貨の預金でおこなうほうが，少ない預金と低い取引コストですむ。

国際通貨というのは，多角的な国際的決済に使用される特定国の通貨である。

国際通貨国の銀行に開設されたコルレス勘定が，国際決済に使われる国際通貨であり，現在の国際通貨ドルというのは，非居住者が保有するドル預金のことである。

国際通貨が成立する根拠は，国際的取引コスト削減のために構築された外国為替制度にある。

管理通貨制下での国際通貨の条件は，

①通貨価値の安定，

②大きな経済・貿易規模，

表 4-1　国際通貨の機能

国民通貨	国民通貨	価値基準機能	支払い手段機能	価値保蔵機能
国際通貨	民間部門	契約・表示通貨	取引・決済通貨	投資・資産通貨
国際通貨	銀行間外国為替市場	−	為替媒介通貨	−
国際通貨	公的部門（通貨当局）	基準通貨	介入通貨	準備通貨

　③発達した金融・証券市場，

　④技術力と軍事力，

にあると考えられる。

　国際通貨の機能というのは，民間部門，公的部門，銀行間外国為替市場という側面からみてみる必要がある（**表 4-1**）。

（4）国際通貨（民間部門）

　契約・表示通貨というのは，財・サービス価格表示，資本取引などの建値にもちいられる通貨である。

　取引・決済通貨というのは，国際的取引において，支払い手段としてもちいられる通貨である。

　投資・資産通貨というのは，国際的な価値保蔵，国際金融・証券市場でもちいられる通貨である。

（5）国際通貨（公的部門）

　基準通貨というのは，自国通貨をペッグ，ないしは安定させるためにもちいられる通貨である。

　介入通貨というのは，通貨当局によって為替相場をコントロールするのにもちいられる通貨である。

　準備通貨というのは，通貨当局による国際的な価値保蔵手段としてもちいられる通貨である。

第4章　市場の仕組み（4）：国際通貨

（6）国際通貨（銀行間外国為替市場）

　為替媒介通貨は，外国為替市場で間接交換を媒介するのに使用される通貨である。

　たとえば，日本円とタイ・バーツの交換をおこなう場合，円とバーツの取引は少ないので，円をドルに換えて，そのドルをバーツに換える取引がおこなわれる。双方とも対ドル取引の流動性は高いからである。タイで銀行に行って，円を渡すとバーツをくれるが，銀行内では，ドルを媒介にして交換するという手続きをおこなっているのである。この場合，ドルの役割が，為替媒介通貨といわれるものである。

　世界で外国為替を交換する国がNカ国あるとすれば，為替相場というのは，$N(N-1)/2$ 通り
存在する。しかしながら，あるひとつの国民通貨が為替媒介通貨となれば，為替相場はN-1ですむ。

　為替媒介通貨は，国際通貨機能のなかでも重視される機能であるといえよう。それは，国際間の貿易決済では，ひとつは，契約・表示通貨が多様化しているが，銀行間取引通貨がドルに集中していること，もうひとつは，変動相場制移行後，為替介入が頻繁におこなわれなくなり，銀行は国内では，為替持高調整ができず，海外での銀行間取引を為替媒介通貨でおこなうようになっているからである。

（7）国際基軸通貨

　公的な国際通貨制度の基軸に位置づけられている通貨で，国際決済が特定の通貨，特定国の決済システムをつうじておこなわれる通貨である。

　国際基軸通貨は，基軸国以外の支払い・決済において，広範に使用される通貨であるということもできる。したがって，基軸通貨国の特権は，負債決済（自国通貨で国際決済）が可能なことにある。

　そこから，基軸通貨国には，シニョリッジ（通貨発行特権）が発生する。基軸通貨国だけが，国内における不換紙幣を国家主権のおよばない外国でも支払

い・決済に使うことができる。すなわち，価値をもたない「紙」幣で価値をもつ財・サービスを手に入れることができるのである。

金本位制下であれば，金現送点があるので，為替相場が乱高下することはないが，管理通貨制のもとでは，基軸通貨国の健全財政と経常収支の均衡が絶対不可欠である。

2　戦後の国際通貨システム

（1）管理通貨制への移行

1929年大恐慌による深刻な経済困難に対応するために，36年までにすべての国が金本位制から離脱し，管理通貨制に移行した。管理通貨制というのは，不換中央銀行券にたいして国家が強制通用力を付与し，その受け取りを拒否できないという制度である。

管理通貨制への移行によって，中央銀行券は，金準備の制約から解放され，中央銀行券の発行に原則として歯止めがなくなった。これが，インフレーション発生の制度的根拠である。

（2）戦後の国際通貨システム

第二次世界大戦後，「社会主義」諸国が増加したこともあって，政治・経済力で圧倒的優位に立ったアメリカが西側勢力の領袖となった。

その経済的根拠は，アメリカが大戦中にその経済力をいちじるしく拡大させ，西側世界の工業生産のシェアを戦前の42％から62％まで上昇させるとともに，世界の公的金保有総額の約70％を保有したことにあった。

ここに，戦後の資本主義世界体制の頭目として，アメリカが世界史の表舞台に躍り出る経済的根拠がある。第一次世界大戦後，アメリカの経済力の拡大は目覚ましいものであったが，それでも，ドルは，確固たる基軸通貨とはなりえなかった。ポンドとドルが併存していたのである。しかし，二度の大戦で戦場となったヨーロッパの経済的地盤沈下がはっきりし，ついにドルが基軸通貨の

地位を獲得することができた。

　その経済的前提は，世界の公的金保有の事実上の独占であり，政治的前提は，「社会主義」世界体制の成立である。

　この「社会主義」世界体制の成立によって，資本主義国は，それまでの相互のいがみあいから「協調体制」に移行せざるをえなかった。それは，少なくとも当時は，「社会主義」は資本主義よりもすぐれた体制であると一般に認識されており，資本主義内での抗争を繰り返していると結局，自分たちの存在そのものが否定されてしまうという恐怖感によるものであった。

　この「協調体制」の経済的内実は，1947年3月から活動を開始したIMF（国際通貨基金）にみることができる。

　IMFの基本的な目的は，為替制限の撤廃と為替相場の安定である。ここで注目されるのは，IMF協定第4条で「各加盟国の通貨の平価は，共通尺度である金により，または1944年7月1日現在の量目および純分を有する合衆国ドル（金1オンス＝35ドル）により表示する」とさだめられていたことである。このIMF協定第4条は，ドルを事実上，金と同等の地位においたのである。

　しかし，ドルはすでに不換通貨となっていたので，本来であれば，このような規定は存立しえないはずである。ただ，アメリカは，1934年の「金準備法」でドルの金兌換を原則として廃止し管理通貨制に移行していたものの，同法にもとづく財務長官権限で，外国政府および外国通貨当局にたいしては，金1オンス＝35ドルで金の売却に応じていた。

　また，1954年3月にロンドン金市場が再開されてからは，イングランド銀行をつうじて，金1オンス＝35ドルが成立するように金の売買をおこなっていた。

　したがって，IMF体制は，不換紙幣のたんなる集合体としての国際通貨体制ではなかった。アメリカは，ドルをきわめて限定された範囲で金とリンクさせた（対外国通貨当局にかぎっての金「兌換」）ので，「金為替」であるドルを各国が発行準備としてもち，各国通貨は，ドルとの交換比率を設定するという非常に限定された意味において「金為替本位制」であるということは可能であろ

う。

金本位制には，金貨本位制，金地金本位制，金為替本位制がある。裏づけの金が金貨か地金かの違いであるが，金為替本位制は，金とのつながりをもつ外国の通貨と交換性がある場合をいう。金本位制は，金の自由鋳造と兌換銀行券をもつひとのすべてと金の兌換を認めるという制度である。

だから，外国政府と外国通貨当局だけとの交換であるので，本当の意味での金為替本位制ではないが，ドルがある程度金の裏づけをもつ「信用貨幣」であったということがきわめて重要だったのである。

（3）IMF体制の崩壊

しかし，このIMF体制の矛盾は，国際金融市場において，ドルがあたかも金を代表する信用貨幣のようにふるまったとしても，アメリカ国内では，自由兌換と金の自由輸出入の道をとざされた，たんなる不換紙幣にすぎなかったところにある。すなわち，アメリカは，国内では「無価値」のドルを，国際取引では「金」と同等の価値をもつ貨幣として支払うことができたのである。

この「錬金術」は，アメリカの健全な財政収支と経常収支の均衡という一定の前提条件のもとでのみ機能しうるものであった。しかし，第二次世界大戦後の現実はそれを許さなかった。朝鮮戦争，ベトナム戦争など「社会主義」との戦いで，膨大なドルを供給せざるをえなかったからである。

世界にドルが大量に供給されたので，当然ドルが減価していった。マーケットでは，金1オンス＝35ドルという価格の維持ができなくなった。35ドルでは買えなくなったのである。そうすると，アメリカ政府に金1オンス＝35ドルで交換を要求し，それをマーケットで，たとえば50ドルで売れば，15ドルの儲けになるので，ドルと金の「兌換」をせまる動きが加速した。

これは，インフレによって，金本位制が維持できなくなるケースと同じである。結局，アメリカの金準備がいちじるしく減少したので，1970年に金とドルの交換の停止に追いこまれた。

IMF体制の下で，とりあえずドルだけは唯一，「首の皮一枚」とはいえ金と

第4章　市場の仕組み（4）：国際通貨

リンクしていたので，国際基軸通貨の役割をはたすことができた。その一枚の「皮」がはがれてしまったので，ドルが基軸通貨の役割をはたすには，少なくとも健全財政と経常収支の均衡が不可欠であった。しかし，冷戦が継続していたので，ドルは，依然として，基軸通貨の地位に居すわりつづけた。

資本主義諸国が対「社会主義」との対抗の前面に立つアメリカを支えるために，ドル体制を維持したからである。だが，われわれは，1992年に旧ソ連が崩壊し，中国も社会主義市場経済というかたちで事実上「社会主義」を放棄し，冷戦体制が終結した後もドルが基軸通貨の地位に居すわりつづけているという事態をどのように合理的に説明したらいいのであろうか。

3　管理通貨制と基軸通貨

（1）現代の基軸通貨

たとえ，金の裏づけがないにしても，
　①圧倒的な経済力，
　②発達した金融・証券市場と一次産品市場，
　③健全な国内財政と国際収支（経常収支）の均衡，
という経済的要因に加えて，
　④国際的な政治的信認と強制力としての強力な軍事力，
があれば，ドルは国際基軸通貨として世界中で広範に使用されうると考えられる。

アメリカは，1970年に金ドル交換停止をおこなって以降も，冷戦がつづいていたので，「社会主義」にたいして強硬姿勢をとった。当然，軍備増強をおこなったので，財政赤字は拡大した。しかしながら，ドル価値をある程度は維持するために，1990年代中葉までは，国際収支（経常収支）の均衡に配慮するそぶりだけはみせてきた。

しかし，1995年にドル高政策に転換し，日本やヨーロッパから大量の資金を株式市場に引き付けて株価を引き上げたことで，事態は根本的に転換した。

個人消費が激増して，戦後最長の景気高揚が実現した。その結果，外国への利払いと貿易収支赤字も激増した。ただし，空前の好景気で1990年代末には，財政赤字は黒字に転換した。したがって，アメリカ・ドルの基軸通貨としての地位は，まだかろうじてたもっていた。

事態が根本的に転換した要因は，
① 1999年にユーロが登場したこと，
② 9.11の同時多発テロ後の対テロ戦争でアメリカの財政赤字が激増したこと，
③ 株価が暴落したものの，金利引き下げなどによって，住宅価格が上昇基調を維持したので，景気が後退せず，個人消費が増大し，その結果，アメリカの経常収支赤字がますます増大してきたこと，
などである。

財政赤字と経常収支赤字の激増により，ドルの基軸通貨としての地位が危うくなってきた。そこに，イラク侵攻がおこなわれた経済的根拠があると考えられる。そこで，一国内で金の裏づけのない無価値の不換紙幣がどうして価値をもつ財・サービスと交換がなりたつかということから解きあかさなければならない。

（2）国際的「強制通用力」

等価交換が経済の大原則であるにもかかわらず，通貨だけが無価値（紙代と印刷代）でも財・サービスが円滑に流通できるのは，国家権力が無価値の紙幣の受け取りを強制しているからである。これを強制通用力という。国際金融市場には，超国家機関が存在しないので，本来の経済法則が貫徹する。すなわち，世界貨幣というのは，本来はあくまでも価値を有する金（ないし銀）なのである。

もちろん，金の裏づけのない通貨であっても，経済力があり，発達した金融・証券市場が存在する国の通貨が国際基軸通貨の役割をはたすようになる。国際的な支払い・決済，投資，外貨準備には，どうしても国際的に流通可能な通貨が必要だからである。すなわち，国際的な政治的・経済的信認と信用力の

第4章　市場の仕組み（4）：国際通貨

ある通貨が基軸通貨として利用されるのである。

ただし，そのさいの大前提は，国際通貨が減価しないということであり，そのためには，基軸通貨国の財政構造が健全で経常収支も均衡していなければならない。

もし，基軸通貨国にインフレが起こると，基軸通貨国以外の通貨が高くなり，基軸通貨国通貨による投資に膨大な為替差損が発生するからである。経常収支の赤字が膨大になると，世界中に基軸通貨国通貨が過剰に流通することになり，ここでも基軸通貨国以外の通貨が高くなるばかりか，へたをすると基軸通貨国の通貨が暴落し，膨大な為替差損が発生することになる。

このように，国際的な政治的・経済的信認と信用力があれば，ある一国の通貨が基軸通貨として，国際的に利用されるようになる。それを担保するのが「強制力」としての強大な軍事力であって，本来は，けっしてその逆ではないのである。それが逆転しているのが，現在の国際基軸通貨ドルである。

国際基軸通貨国アメリカには，1995年からはじまったドル高政策によって膨大な資金が流入し，株価高騰により，景気が高揚して輸入が激増して，膨大な経常収支赤字が累積している。ドル暴落の危険性が高まるなかで，99年には，ヨーロッパ大陸にドルへの対抗可能な国際通貨としてついにユーロが登場した。

ここで，「国際強制通用力」・「強制力」としての強大な軍事力が前面に出てくることになったのである。事態の逆転である。

（3）イラク侵攻の経済的根拠

1999年にユーロが登場するとイラクは，人道的な見地から買ってもらっていた石油の売却代金をそれまでのドルからユーロに変更することを国連に認めさせた。

これは，イラクの反米の姿勢をしめすものだったろうが，不換紙幣ドルが国際的に受け取りを拒否されるという事態が国際的に波及すれば，ドルは，国際基軸通貨の地位から転落する。事実，その後，いくつかの中東諸国でドル受け

53

第Ⅰ部　国際金融市場と通貨システム

取り拒否の動きが出てきた。

　そこで，「国際強制通用力」の行使に踏み切った。すなわち，アメリカは，基軸通貨ドルの受け取りを拒否したイラクの政権を倒そうとして，イラク侵攻を強行したのである。要するに，ドルの受け取りを拒否したら，政権が倒されるということを国際的に知らしめようとしたのである。事実，アメリカによる当初の大規模戦闘が終結し，フセイン政権が打ち倒されるとシリアは恭順の意を表明した。

　だが，国際法違反のイラク侵攻であるし，対テロ戦争なるものが成立しえないので，イラク戦争のアメリカの敗戦は，開戦前からあきらかであった。国連決議がないので，ほとんどの国は，イラク侵攻には参加しなかった。

　アメリカの最大の誤解は，超絶的な軍事力があるので，イラク戦争はあっという間に終結すると楽観したことである。大規模戦闘での勝利を確信し，その後の「テロリスト」との戦いを甘くみたのである。

　テロとの戦いをおこなうには，正規軍ではなく，警察力が不可欠である。テロリストは，市民にまぎれてテロをおこなうからである。しかも，アメリカは，イラク侵攻をおこなうアメリカ軍を「十字軍」だという始末である。キリスト教の聖地をイスラム教徒から奪還するために遠征したのが十字軍であるので，結局，イラク侵攻は，「キリスト教」と「イスラム教」の戦いになってしまったのであろう。

　ましてや，イラク侵攻の大義名分であった大量破壊兵器の隠匿情報が，まっかな嘘だったということがあきらかになるや，国連決議なしにアメリカが勝手にはじめたイラク侵攻は，完全に国際世論の支持を失ったのである。

　イラク侵攻によって，アメリカ兵数千人，イラク人15万人にもおよぶ犠牲者が出ている。膨大なイラク戦費の支出によって，ネットバブル期に蓄積した財政黒字はあっという間に消滅し，膨大な財政赤字が蓄積した。財政赤字と経常収支赤字という「双子の赤字」によって，ドル暴落の危険性は，急速に高まってきている。

　このように，イラク戦争の事実上の「敗戦」によって，ドルの基軸通貨とし

ての機能が低下してきている。これに追い打ちをかけているのが，サブプライムローン問題によるアメリカの経済的信認と信用力の急速な低下である。

　しかしながら，ドルからユーロに基軸通貨機能が転換する可能性があるとしてもまだだいぶ先のことであると考えられる。一度，基軸通貨の地位につくとそれほど簡単には，その地位が奪われないからである。これが「慣性の法則」といわれるものである。

第5章

市場の仕組み（5）：国際金融市場

1　国際金融市場の役割

（1）国際金融市場

　資金余剰部門と資金不足部門で資金を，銀行預金や銀行貸付，株式や公社債などの手段を使って融通しあう市場が金融市場である。

　国際金融市場というのは，国際的に資金を融通しあう金融取引が，居住者と非居住者，非居者住間で，自国通貨建てや外貨建てで，おこなわれる市場である。

（2）金融機関や企業の取引

　国際金融市場において，金融機関や企業は，つぎのような金融取引をおこなっている。

　①資金の調達や資産の運用などをおこなう。

　②ヘッジ取引，投機取引，裁定取引などをおこなう。

　③金融機関は，国際的な金融仲介をおこなう。銀行は，そのほかに信用創造をおこなって手数料収入や金利収入を獲得する。金融機関は，さらに，為替持高操作や為替資金操作をおこなうほか，自己勘定によるさまざまな金融取引をおこなっている。

（3）国際金融市場の役割

　国際金融市場の役割には，つぎのようなものがある。

①一国の貯蓄と投資のギャップを埋めるためにおこなわれる。経常収支赤字国は資金調達を，経常収支黒字国は資金運用をおこなって，国際収支を均衡させる。

　各経済主体による国際的な金融取引も結果的には，国際収支をファイナンスする役割をはたしている。

②為替相場を管理している国は，為替介入の資金を国際金融市場で調達する。
③政府間の資金取引，国際金融機関による資金取引がおこなわれる。

2　市場機能と取引対象

(1) 市場機能

　国際金融市場というものを市場機能という側面からみると，伝統的金融市場とユーロ市場に分けられる。

　伝統的金融市場は，償還期間1年未満の資金が取引される短期金融市場（あるいは貨幣市場）と償還期間1年以上の金融商品が取引される長期金融市場（あるいは資本市場）からなっている。

　短期あるいは長期にかかわらず，証券形態で資金調達や資産運用のなされる市場が証券市場である。

　ユーロ市場は，本国以外で当該国通貨建ての取引がおこなわれる市場である。ヨーロッパで発生したのでそうよばれるが，1999年に登場した単一通貨ユーロによる取引市場は，ユーロ建て市場という。

　本国で本国以外の通貨によって取引がおこなわれるのが外債市場である。ヨーロッパでは，ユーロ債市場と外債市場をあわせて，国際債市場とよばれている。

　オフショア市場というのは，非居住者同士によるユーロ市場取引が認められている市場である。

　租税逃れなどのために，ペーパーカンパニーだけをおいておくのがタックス・ヘイブンである。

（2）取引対象

　国際金融市場を取引対象という側面からみると，現物市場とデリバティブ（金融派生）市場に分けられる。

　現物市場は，伝統的市場やユーロ市場で従来取引がおこなわれてきた市場である。

　国際金融市場では，外国為替（通貨），預金と貸付，証券などの金融商品が取り引きされてきた。

　こうした金融商品の取引がおこなわれる市場が，現物市場または原資産（現債務）市場とよばれる。

　1970年代初頭に登場したのがデリバティブ市場である。想定元本残高は，1990年末5.7兆ドルから2004年末298.4兆ドルに達している。

　先渡し取引と先物取引は，特定の金融商品を将来の一定の時期に，あらかじめさだめられた価格で取引することを契約する取引である。通常，前者は店頭取引で，後者は市場取引である。

　先物取引は，差金決済によって決済されるので，小額の証拠金で巨額の取引をおこなうことができる。

　オプション取引は，特定の金融商品を将来の一定の時期に，あらかじめさだめられた価格で売買する権利を売買する取引である。

　スワップ取引には，異なる種類の金利を交換する金利スワップや異なる通貨建ての債務を交換する通貨スワップなどがある。

3　国際金融市場のリスク管理

（1）リスクと不確実性

　国際金融市場におけるリスクというのは，どのくらいの確率で生ずるかということをある程度は予測することが可能であるが，それにたいして，不確実性というのは，将来の予測が不能なものをいう。

　信用リスクというのは，支払い代金の回収が困難になることである。

市場リスクには，価格変動リスク，金利変動リスク，為替変動リスクなどがあるが，市場リスクのヘッジ手段として，デリバティブ取引などがある。

決済ネットワークの破綻によるものが，国際的決済リスクである。ヘルシュタット・リスクともいわれるが，1974年にドイツのヘルシュタット銀行が破綻したときに，当時のドイツの中央銀行であるドイツ連邦銀行が緊急融資をおこなわなかったので，国際的決済システムが崩壊寸前におちいったことから，このように名付けられている。

オンライン・システムの崩壊によるリスクが，オペレーショナル・リスクである。

銀行破綻などの波及による金融システムの混乱がシステミック・リスク（ドミノリスク）である。

（2）リスク管理

1975年に，G10の銀行監督委員会と各国中央銀行の代表で構成されたバーゼル銀行監督委員会によるバーゼル・コンコーダット（銀行の外国事業拠点にたいする監督に関する原則）という最初のガイドラインが設定された。

このガイドラインによって，母国監督機関による連結財務諸表をベースとする監督と国際的な監督協力体制が構築されることになった。

1987年に，バーゼル銀行監督委員会は「自己資本の計測と基準に関する国際的統一化への提言」を公表したが，各界からの意見をまとめたうえで，この提言を修正して，翌88年に，「自己資本の計測と基準に関する国際的統一化」が公表された。これがバーゼル・アコードである。

このアコードは，国際的に自己資本比率規制を統一したものであるが，国際的な銀行システムの安定性の確保・強化，国際的に業務を展開する銀行の平等な競争条件の確保などを目的とするものである。

国際業務をおこなう銀行の自己資本比率は8％以上なければならないということを中心とするものが，いわゆるBIS自己資本比率規制である。BIS規制というのは，バーゼル・アコードにもとづいて，各国が採用する銀行規制のこ

とをいう。

銀行破綻をきっかけにして,決済システムのなかにあるほかの銀行に流動性リスク,すなわちヘルシュタット・リスクがもたらされるので,2002年9月に,CLS (Continuous Linked Settlement) 銀行が稼動した。この銀行は,世界の金融機関によって設立されたもので,決済を専門におこなう銀行である。

1998年に,BIS規制の見直しがおこなわれ,2003年にバーゼル・アコードを見直した「自己資本の計測と基準に関する国際的統一化」,いわゆる「バーゼルⅡ」が公表された。ここでは,自己規律と市場規律の活用ということが重視されている。

補論:イスラム金融

国際的投機で原油先物価格が1バレル140ドルあまりとここ数年で数倍に上昇している。原油価格上昇により物価が高騰し,国民生活は大打撃を受ける反面,産油国に膨大なオイルマネーが流入している。このマネーを活用しようというのがイスラム金融である。

それは,イスラムの経典(コーラン)とイスラム法(シャリアとよばれ,人のあるべき生き方をしめす)にもとづく金融である。

イスラム金融の特徴のひとつは,コーランが利子受け取りを禁止していることである。利子はリバー(自己増殖という意味)とよばれ,労働実態などもないのに,時間がたつだけで利子として資産が増えることは,寄生行為で不当利得にあたるからである。また,利子の取得によって,貧富の差が拡大し,不公平にあたるからである。不当な増殖も否定されている。

もうひとつの特徴は,シャリアに反する豚肉やアルコール,賭博や武器などに関連する企業,反社会的事業や反道徳的行為をおこなう企業などへの投資が禁止されていることである。

イスラム金融の提供機関には,イスラム学を修めたシャリア学者で構成されるシャリア諮問委員会が設置され,金融取引がシャリアにそくして適性かどう

かが審査され，シャリアに反する場合には取引ができない。

　利子は受け取れないので，商品取引や投資など実態をともなうかたちでの取引がなされるムラバハというのが一般的である。たとえば銀行は，売却者から商品を1万円で買って，そのまま銀行の顧客である購入者に売り，3カ月後に1万100円を購入者から受け取る。この差額100円が3カ月分の利子相当分ということになる。

　ムダラバは，出資された資金を事業に投入し，利益が配当として配分されるもので，ムシャラカは，銀行と銀行の顧客が合弁プロジェクトを立ち上げて，利益を配当として受け取るものである。イジャラはリース取引のことである。

　デリバティブ取引も実態のない金融取引で，イスラムの教義が禁じる不確実，投機という要素も含まれるので禁止されている。

　イスラム金融は，イスラム教徒以外も広範に利用が可能で，規模は2000年の約1800億ドルから07年に約7000億ドルに激増しているという見方もある。

　禁止されていない金融取引のほか，利子や不確実性をクリアする方法が編み出され，事実上は預金や貸付，保険，債券，デリバティブなどのような金融サービスの提供も可能となってきているからである。

　注目すべきことは，イスラム株価指数には，豚肉や利子，武器やアルコール関連事業の割合が高い企業のほか，反社会的な事業をおこなう企業や反道徳的な事件を起こした企業が採用されないことである。

　イスラム投資ファンドも組成され，イスラム金融は，社会的責任をはたす企業に投資する金融ということも可能である。

　ただ，もし省エネにはげむ企業に投資しないということになれば，地球温暖化防止に逆行する。欧米や日本の基幹産業に大規模に投資されるようになれば，国家の根本に関わる深刻な問題も出てこないともかぎらない。

　イスラム金融拡大のおかげで，新規事業が切り開かれ，大企業の収益性も上昇し，世界経済も成長するかもしれない。しかしながら，それは，原油価格高騰に苦しむ庶民の犠牲のうえに成り立つものであることを忘れてはならない。

第6章

ドル体制の危機と世界経済

1 ドル危機の経済メカニズム

(1) ドル危機の進行

　第二次世界大戦後,「社会主義」体制が成立したことによって,資本主義が侵食され,崩壊する危機をなんとしても食い止めることが,アメリカに課せられた世界史的使命となった。

　したがって,アメリカの戦後世界戦略の基本は,

①アメリカ軍の世界各国への常時駐留と反「社会主義」包囲のための基地網の構築,

②各国での経済成長と生活水準の向上(「社会主義」諸国では,少なくとも成立直後は,生活水準の向上がはかられたので,それに対抗するために),

③開発途上国への軍事援助と経済援助による親米政権の存続,

などにあった。

　そのため,アメリカは,史上未曾有の巨額の軍事支出と恒常化したインフレのもとで完全雇用と過剰設備を吸収する政策,同盟国への経済・軍事援助をおこなわなければならなかった。

　これが可能となったのは,アメリカで「輪転機」を回せばいくらでも発行することができる不換紙幣にすぎないドルが,アメリカ以外では「金」と同等の価値のある信用貨幣として受け入れられたからある。

　第二次大戦後の20年の間に,資本主義を存続させるために必要とされたアメリカの支出項目,すなわち,主として経済援助のための借款で構成された政

府投資，海外への軍事支払い，そして，軍贈与をふくむ政府贈与の合計額というのは，じつに約1500億ドルにも達した。ちなみに，第一次世界大戦後の20年間の同一項目の支出は，約12億ドルにすぎなかった。

もちろん，この支払い超過は，貿易収支と相殺されるので，そのすべてが経営収支の赤字とはならないが，この莫大な軍事，政府支出によって，金準備を50億ドルあまりも喪失するとともに，短期債務が300億ドルを超えた。これを可能としたものこそ，IMF体制にほかならなかったのである。

このようにして，第二次大戦後のアメリカは，国内的には，巨額の軍事予算と財政赤字によって「恐慌」を回避し，対外的には，経済・軍事援助のために大量のドルを支出して世界資本主義の高度経済成長を実現し，「世界恐慌」を「過去」のものとした。

戦後，アメリカは軍需産業に研究開発を集中し，最先端技術で他の資本主義国を圧倒したものの，資本主義経済をささえる基幹産業である重化学工業の発展をになったのは日本や旧西ドイツであった。

したがって，経済力では，次第に日本やドイツが台頭し，アメリカの経済的地位は相対的に低下していった。さらに，膨大なドルの国際的支出は，世界的なインフレを高進させるとともに，ドル危機を進行させた。

その結果，減価したドルを金と交換する動きが強まり，アメリカの金準備は急速に減少していった。アメリカは，外国通貨当局にたいしてすら，金1オンス＝35ドルで交換することが不可能になってしまった。1970年，アメリカはついに金ドル交換を停止し，ここに，戦後世界資本主義の高度成長をささえたIMF体制が崩壊した。

かろうじて金とつながっていたドルが国際的にも不換紙幣となることによって，ドルの基軸通貨としての役割が終了するはずであった。

しかし，当時はまだ「冷戦」が支配的であったので，引き続きドルが基軸通貨の役割をはたした。資本主義体制をまもるために，ドルの減価を避けるように各国が協力しなければならなかったからである。アメリカの財政・国際収支赤字を西側諸国がファイナンスした。さらに，IMF体制の根本であった為替

相場の安定，すなわち，固定相場制は機能停止し，変動相場制の時代に突入した。

（2）資本主義間分業体制

　戦後の冷戦構造がアメリカの超先端産業への特化と日本・ドイツの民生用重化学工業への特化という分業体制を構築させた。

　アメリカは，旧ソ連との軍備拡張と軍事技術開発競争に勝利しなければならなかった。したがって，アメリカは，国家予算のうち膨大な軍事費をIT（情報技術）産業，航空・宇宙産業，原子力産業，軍事産業などの育成・発展に投入せざるをえなかった。

　冷戦というのは，もし核戦争が勃発したら人類が滅亡するので，戦争ができないというものであった。戦争のための軍事技術開発であるが，戦争ができない以上，性能などの実験ができず，データがそろわない。したがって，シュミレーションの世界での開発だったので，おそらく困難をきわめたことであろう。だが，そのおかげで莫大な国家予算を湯水のように軍事技術開発に投入することができた。

　ドイツは，戦前来の民生用重化学工業の再生で高度成長を実現した。それにたいして，日本は，戦前の軍事産業中心の重化学工業そのものは，ほとんど役に立たなかったので，あらたに，アメリカの強力な援助のもとに，第二次大戦前後にアメリカで飛躍的に発展した民生用重化学工業を一挙に導入した。おかげで，日本は，1955年から70年代初頭まで長期の高度成長を実現できた。

　第二次大戦後，アメリカが超最先端産業をになって，旧ソ連との戦争にそなえ，日本が最新鋭の民生用重化学工業の創出，ドイツが戦前来の重化学工業の再生によって，国民に良好な消費財を提供することができた。

　良質の消費財を提供できる構成国がなく，旧ソ連みずからは，過重な軍事費負担に苦しめられたので，「社会主義体制」が一足先に崩壊したのである。

（3）アメリカへの消費財供給

　ドイツは，1950年代の高度成長が終了すると，EU統合の枠組みに編入されることによって，経済成長を実現してきた。ドイツをはじめ，ヨーロッパ諸国は，平和と国民の福祉・生活水準の向上にまい進してきた。

　日本は，アメリカとの密接な連携によって，あらたな最新鋭の重化学工業をアメリカから移植するかたちで経済成長を実現してきた。この時点ですでに，アメリカの民生用の重化学工業との国際競争力の差は歴然としていた。アメリカの民生用重化学工業は，第二次大戦前から戦時中にいちじるしく発展したので，戦後もその延長線上で生産を継続したからである。

　日本にとって，高度成長が終結すると，賃金引き上げと労働条件の改善，福祉水準の向上，長期連続有給休暇などによる内需拡大，アジア共同体の結成による外需拡大によって，経済成長を実現する方向にすすむのが本来の姿だったであろう。しかし，日本のとった道は，公共投資による内需拡大，アメリカにマーケットをもとめる外需拡大であった。

　アメリカ経済に依存する政策によって，日本の民生用重化学工業の国際競争力はいちじるしく強化されることになった。それがちょうど変動相場制に移行する時期と一致したからである。日本の民生用重化学工業の競争力は，アメリカのそれよりも高かったので，当然，対米貿易黒字は激増し，急激に円高が進行した。そうすると，輸出をおこなう民生用重化学工業は，製品の質的競争だけでなく，もうひとつのすさまじいコスト削減「競争」にさらされた。

　輸出をおこなう民生用重化学工業は，円高という為替差損を徹底的なコスト削減によってカバーしなければならなかったので，健全な財務構造の構築が不可欠であった。しかし，コスト削減にもおのずと限界があった。

　そこで，生産性の向上のために，アメリカの超最先端技術開発の成果の一部であるマイクロ・エレクトロニクスを民生用重化学工業が取り入れた。産業用ロボットの導入などがそれである。

　その結果，日本がアメリカへの消費財供給をになうようになった。しかし，貿易黒字が増大するとますます円高がすすむとともに，貿易摩擦が激化したの

で，民生用重化学工業企業は，1980年代にはいると海外のマーケットで生産をおこなうようになった。90年代に平成大不況に見舞われると，多くの企業は，コスト削減のために，中国をはじめ東アジア諸国に生産拠点を移した。

平成大不況下では，日本から多くの企業が中国に進出したので，中国のもの作りの質がいちじるしく向上した。それは，中国ではなく，消費者の製品をみる目がきびしい日本で売れるものを低コストで生産しようというものだったからである。その結果，中国は，アメリカやヨーロッパにたいしても消費財などの製品を供給する世界の工場となることができたのである。

2 アメリカの国際収支

(1) 経常収支赤字拡大の根拠

みてきたように，戦後の冷戦下でアメリカは超最先端産業に特化し，民生用重化学工業の発展がおろそかになった。民生用重化学工業は，日本とドイツがになった。だが，1990年代にはいるとアメリカでは，IT産業が興隆する「新産業革命」が全面開花し，2000年あたりまで戦後最長の好景気を謳歌した。

アメリカには，国際競争力のある民生用重化学工業があまり存在しなかったので，1970年代から80年代に日本ですすんだように，超最先端技術の成果の一部が民生用重化学工業に導入されることはなかった。したがって，民生用重化学工業の国際競争力を向上させようとするインセンティブはあまりわかなかったことであろう。

そこで，アメリカは，1995年に本格的に民間に開放されたインターネットを中心とするITがあらたな産業として普及する事態を「新産業革命」と宣伝して，経済成長を実現しようとした。インターネットは，世界の米軍基地をつなぐネットワークとして，軍事用に開発されたものである。

だが，この時期のアメリカの景気高揚というのは，あくまで，1995年のドル高政策による日本やヨーロッパからの資金流入の結果としての株価高騰，その資産効果による消費拡大で実現したものであった。資金の大量流入もあって，

ネット関連株の高騰などのネットバブルが生じたが，2000年にはいるや株式バブルは崩壊した。

ネットバブルの崩壊と2001年9月の同時多発テロの発生でアメリカの株価下落と景気低迷がはっきりとしてきたので，金利の引き下げがおこなわれた。今度は，住宅市場の高揚策によって，景気を拡大する経済政策がとられた。

ひとびとは，住宅価格が上昇して担保力が高まると，その分，また住宅ローンを借り入れて消費に回した。金利が引き下げられると，借り入れ余力が増大するので，さらに借り入れて消費を拡大した。こうして，借り入れ増などによる現金の受け取りをキャッシュ・アウトという。その結果，景気の高揚がみられるようになり，株価も反転した。

金利の低下もあって，金融機関は，住宅ローンをいちじるしく拡大したが，健全な貸付先というのは，少なくなっていった。そうすると，金融機関は，さらに貸付を伸ばすために，信用リスクの高い低所得者層にもどんどん貸し付けた。これがサブプライムローンである。住宅価格が上昇しているうちは，サブプライムローンであっても，売却すれば，売却利益をえて，それを消費に回すことができた。

消費拡大による輸入増の結果，とうとうアメリカの経常収支の赤字は，8000億ドルまで膨れ上がったのである。

(2) 経常収支赤字8000億ドル

1995年のドル高政策への大転換によって，アメリカは，それまでかろうじて国際収支均衡努力をしてきたが，ここで完全に放棄した（表6-1）。

このドル高政策は，まさに国際的な「仕手戦」ともいうべきものである。ドル高によるアメリカへの資金流入で株高を演出，資産効果で個人消費の拡大，景気の高揚，輸入の拡大，貿易収支赤字の拡大というプロセスをたどった。

このアメリカの膨大な経常収支赤字にもかかわらず，日本や中国などアジア諸国が，為替介入をおこなって入手したドルでアメリカの国債を購入してくれるので資本収支は黒字となり，国際収支はとりあえず均衡した。

第Ⅰ部　国際金融市場と通貨システム

表6-1　アメリカの国際収支

(単位：100万ドル)

	1998	1999	2000	2001	2002	2003	2004	2005	2006
経常収支	▲213,528	▲299,826	▲415,150	▲388,959	▲472,446	▲527,514	▲665,286	▲791,508	▲856,655
貿易収支	▲164,606	▲263,286	▲377,559	▲362,795	▲421,068	▲494,897	▲611,296	▲716,730	▲765,267
所得収支	4,265	13,888	21,054	25,131	12,209	36,593	27,592	11,293	▲7,266
受取	261,819	293,925	350,918	288,251	270,652	303,062	374,913	474,647	622,020
支払	▲257,554	▲280,037	▲329,864	▲263,120	▲258,443	▲266,469	▲347,321	▲463,353	▲629,286
資本収支	69,740	236,148	486,373	400,243	503,167	538,345	582,419	785,449	719,149
対外投資	▲353,829	▲504,062	▲560,523	▲382,616	▲294,646	▲326,424	▲867,802	▲426,801	▲1,045,760
対米投資	423,569	740,210	1,046,896	782,859	797,813	864,769	1,450,221	1,212,250	1,764,909
民間資本収支	96,848	181,108	444,846	377,581	390,558	258,010	190,095	566,319	411,046
対外民間投資	▲346,624	▲515,559	▲559,292	▲377,219	▲291,310	▲328,484	▲872,317	▲446,436	▲1,053,353
対米民間投資	443,472	696,667	1,004,138	754,800	681,868	586,494	1,062,412	1,012,755	1,464,399
直接投資収支	36,401	64,510	162,062	24,672	▲70,088	▲85,936	110,966	100,682	▲65,285
対外直接投資	▲142,644	▲224,934	▲159,212	▲142,349	▲154,460	▲149,897	▲244,128	▲9,072	▲248,856
対米直接投資	179,045	289,444	321,274	167,021	84,372	63,961	133,162	109,754	183,571
証券投資収支	54,692	132,101	261,998	288,863	335,134	165,438	337,884	493,506	372,880
対外証券投資	▲130,204	▲122,236	▲127,908	▲90,644	▲48,568	▲146,722	▲146,549	▲180,125	▲277,691
株式	▲101,362	▲114,311	▲106,714	▲109,119	▲16,954	▲118,003	▲84,756	▲142,134	▲128,521
債券	▲28,842	▲7,925	▲21,194	18,475	▲31,614	▲28,719	▲61,793	▲37,991	▲149,170
対米証券投資	184,896	254,337	389,906	379,507	383,702	312,160	484,433	673,631	650,571
国債	28,581	▲44,497	▲69,983	▲14,378	100,403	91,455	102,940	199,491	29,417
株式	45,647	112,917	192,492	119,500	56,052	34,291	59,549	85,783	114,017
社債	105,948	142,821	166,403	191,616	145,415	223,215	254,564	316,005	406,269
政府関連機関債	4,720	43,096	100,994	82,769	81,832	▲36,801	67,380	72,352	100,868
非銀行部門収支	▲15,064	▲21,457	31,882	57,590	45,849	77,675	▲26,767	▲14,116	132,075
銀行部門収支	4,197	▲16,453	▲16,411	▲17,327	58,150	84,193	▲24,883	▲33,169	▲41,194
公的部門収支	▲27,108	55,040	41,527	22,662	112,609	280,335	392,324	219,130	308,103
米公的資産	▲7,205	11,497	▲1,231	▲5,397	▲3,336	2,060	4,515	19,635	7,593
外国公的資産	▲19,903	43,543	42,758	28,059	115,945	278,275	387,809	199,495	300,510
その他資本収支	▲766	▲4,939	▲1,010	▲1,270	▲1,470	▲3,321	▲2,261	▲4,351	▲3,914
統計上の不一致	144,554	68,617	▲70,213	▲10,014	▲29,251	▲7,510	85,128	10,410	141,419

(注)　▲はマイナス。
(出所)　米商務省。

さらに，諸外国がモーゲージなどの債券も大量に買ってくれるので，住宅ローン金利が低位のままであった。そうすると，住宅需要が増大し，住宅価格が上昇し，キャッシュ・アウト増で個人消費がさらに拡大し，景気が高揚する。その結果，輸入が増大して，ますます貿易赤字が膨れ上がる。

このように，この間の景気高揚策で個人消費が増加し，貿易赤字が増大するとドル安圧力がかかる。中国のように，ドルとある程度連動する為替政策をとっている国では，大規模な中国元売り・ドル買い介入を実行する。そうすると，購入したドルで利子のつくアメリカ国債を買う。その結果，アメリカの資本収支が黒字となる。そうすると利払いが増える。

こうして，流入資金への配当，金利支払いが急増し，所得収支が2006年についに赤字となった。

アメリカの国際競争力のある産業は，軍需産業，金融業，農業くらいのものである。それは，戦後，アメリカが膨大な軍事費を投入しておこなった超最先端技術開発の帰結である。IT技術が金融業に応用されて，金融工学という「学問」が登場した。バイオテクノロジーの成果は，農業生産性のいちじるしい「向上」に寄与した。

したがって，アメリカが貿易収支の均衡のために，輸出を増やすとすれば，戦争に使用される軍需品や農薬漬け・遺伝子組み換えなどの農産物しかないだろう。複雑な金融商品を買わされて大損する可能性があるが，アメリカ金融資本は大儲けするということになるかもしれない。

(3) アメリカ国際収支に関する諸見解

ここで，アメリカの国際収支に関する諸見解をみてみることにしよう（徳永潤二氏の信用理論研究学会2007年春季全国大会報告）。

IMF（1997）のレポート——アメリカは，高収益で安全性と流動性の高い証券を供給することにより，外国の資本を取り入れ，その外国の資本を国際金融市場をつうじて，より高収益で流動性の低い証券に再投資するという世界の銀行の役割をはたしていた。

第Ⅰ部　国際金融市場と通貨システム

　Gourinchas, Pierre-Olivier and Helene Rey, "From World Banker to World Venture Capitalist", NBER Working Paper, No.11563, August 2005. ──アメリカは，対外負債が従来と同様，銀行借り入れ，貿易信用，債務などからなる一方で，対外資産は，長期の銀行貸付からリスクの高い直接投資や株式投資にシフトし，世界の銀行から世界のベンチャーキャピタリストに変容している。

　Bernanke, Ben S., "The Global Saving Glut and the U.S. Current Account", Virginia Association of Economics, March 2005. ──周辺国の「世界的な貯蓄過剰」が効率性の高いアメリカに大規模に流入している。アメリカへの大規模な外国資本流入は，周辺国の資金運用の結果であって，アメリカ国内のISバランスを悪化させ，経常収支赤字が増大する。

　Dooley M., Folkerts-Landau and P. Garber, "An essay on the revived Bretton Woodssystem", NBER Working Paper, No.9971, Sep. 2003. ──周辺国の「世界的な貯蓄過剰」では，発展途上国のなかでも，とりわけ東アジア諸国の外貨準備蓄積が大きな意味をもっており，第二のブレトンウッズ体制ともいえるものである。アメリカへの大規模な外国資本流入を東アジア諸国がささえている。

　Dooley M., Folkerts-Landau and P. Garber, "The US Current Account Dificit", Deutsche Bank Global Markets Research, August 2004. ──周辺国のなかでも，東アジアのエマージング諸国は，アメリカの財務省証券への投資をおこなう一方，輸出主導型の経済成長に必要な直接投資をアメリカから引き寄せている。アメリカの国際金融仲介機能は，「世界的な貯蓄過剰」をかかえる周辺国による資産運用と資金調達の結果である。

　Greenspan, A., "The Evolving U.S. Payments Imbalance and Its Impact on Europe and the Rest of the World", Gato Journal, Vol.24, Nos.1-2,2004. ──金融グローバリゼーションによって，外国資本の流入による経常収支赤字のファイナンスをおこなうことがはるかに容易になった。

　IMF, Global Financial Stability Report, Sep. 2006. ──アメリカの金融市場

の優越性によって，周辺国の「世界的な貯蓄過剰」がアメリカに流入し，その結果，アメリカの国際的金融仲介機能がささえられており，アメリカを中心とするグローバル・インバランスは維持可能である。

GreenspanとIMFは，金融グローバリゼーションとアメリカの金融市場の優越性によって，現在のグローバル・インバランスは維持することが可能であり，国際的金融仲介機能にともなうアメリカの国際収支節度の喪失，すなわち経常収支の赤字と対外投資の増大には問題はない，とする。

3　現代の国際通貨システム

（1）現代の国際収支均衡メカニズム

中国元の事実上のドル・リンクを維持するために，ドル中心に1兆ドル超の外貨準備を有する中国政府は，膨大な元売り・ドル買い介入をおこなっている。アメリカの貿易赤字が増えれば増えるほど，元高圧力が高まるが，中国政府は，介入によって購入したドルで金利のつくアメリカ国債を購入するのでアメリカの資本収支は黒字になる。こうして，奇妙なことにアメリカの国際収支は，自動的に均衡する。

日本は，2004年3月期まで膨大な円売り・ドル買い介入をおこなったが，その後，介入はおこなっていないようである。

平成大不況下で日本は超低金利政策をつづけた。諸外国との金利格差が拡大し，日本で円資金を調達し，海外に投資するキャリー・トレード（円借り取引）が活発化した。その中心は，円売り・ドル買いなので，円高傾向は消滅した。

円借り資金のかなりの部分がアメリカの金融・証券市場に投入されたので，アメリカの資本収支黒字要因となった。こうして，円高が回避されるばかりか，円安傾向が強まった結果，日本からの対米投資が増加し，アメリカの資本収支の黒字要因となった。

だが，危険性も高まってきている。根本的問題は，経常収支赤字8000億ド

ル超というところにある。

　アメリカの株価上昇がキャリー・トレードによるものであったとすれば，アメリカの景気後退の兆しがみられるようになると，急速に逆流する。アメリカの株価暴落，景気後退，ドル暴落，円高とすすみ，日本経済の後退の危険性が高まる。キャリー・トレードの逆流による円高の進行が激しくなる。事実，2007年夏に顕在化したサブプライム危機によって，アメリカや日本の景気後退があきらかになり，国際金融市場も大混乱してきている。

（2）世界的な新価格体系への移行

　アメリカの経常収支赤字が8000億ドル以上にものぼり，純債務約3兆ドルという事実をどうみたらいいのであろうか。

　解決の王道は，アメリカが財政赤字と貿易赤字の縮小にはげむことである。財政赤字は，皮肉なことに，イラク戦争の敗北が濃厚となっているので，増加する傾向はあまりみられない。しかしながら，アメリカの産業構造からして，輸出を大幅に増加するということはかなりむずかしいことである。それは，アメリカは，戦後の冷戦下で超最先端の重化学工業を発展させたので，製造業の国際競争力を高めるのは不可能に近いからである。

　反面で，アメリカが世界にドルという流動性を供給することによって，世界の経済成長を促進しているので，輸入を大幅に減らすということは，世界経済を急速に冷え込ませることになる。したがって，いつかということはともかく，ドルの大暴落というのは，歴史的必然であると思われていた。

　ところが，国際的インフレによるアメリカの経常収支の赤字が大幅に減少するという可能性が出てきた。

　すなわち，原油価格がこの間，1バレル＝30ドルから140ドルあまりまで上昇しているからである。この原油価格の高騰は，アメリカのイラク戦争の事実上の敗北というところに大きな原因のひとつがあるだろう。反米政権を打倒して，イラクから安価な原油を大量に入手するためにおこなわれた暴挙が失敗した結果，かえって，すさまじい原油価格の高騰が生じたのである。歴史の皮肉

というほかないだろう。

　原油価格の高騰には，そのほかには，中東情勢の不透明さ，南米産油国における反米左派勢力の台頭，中国・インドなどの高度成長国による原油需要の高まりなどが背景にある。しかしながら，ここまできて原油価格が高騰しているのは，それを見越して，大規模な投機資金が原油市場に流入しているからである。

　アメリカのネットバブルが崩壊すると国際的投機資金は，原油市場や一次産品市場をはじめアメリカの住宅市場に大量に流入した。したがって，本来であれば，昨今の需要増を加味しても，原油価格は，1バレルせいぜい50ドルではないかといわれている。

　この原油価格の暴騰で日本やアメリカ，ヨーロッパで急速に石油関連価格が上昇し，国民生活が大きな被害を受けている。

　安い石油を大量に使用し，市民が快適な生活をおくるアメリカでは，個人消費の減退が懸念された。GDPの約7割を占める個人消費が冷え込むと，景気が大きく後退する可能性があった。実際には，住宅バブルの崩壊とサブプライムローンの焦げ付きをきっかけとした個人消費の冷え込みによる景気低迷のほうが深刻であるが，それを加速化させた要因は，やはり原油価格の暴騰である。

　このような景気後退の懸念もあるが，原油価格が数年前の何倍にも上昇し，それが財・サービス価格に転嫁されれば，新価格体系が構築される可能性も出てくる。国際的なインフレの高進である。一国内でインフレが発生すれば，それは，外国為替相場に反映して，インフレ国の為替相場は安くなっていく。

　しかしながら，世界全体の財・サービス価格がいっせいに同一の方向に上昇すれば，以前の何倍もの国際的購買力となって国際市場に登場する可能性がある。事実，大量のオイルマネーが政府系ファンドとして，国際金融市場で運用されるようになっている。サブプライムローンの焦げ付きで膨大な損失をかかえた欧米の金融資本を「救済」しているのも政府系ファンドである。

　原油価格の暴騰によって，石油の新規の採掘がどんどんすすめられてきている。従来は，とうてい採算がとれなかったような油田も，1バレル＝140ドル

まで上昇すると採算がとれるからである。

　石油がここまで暴騰すると，まさに，地下にはあらたな需要が眠っており，それが採油されることによって新たな需要として実現するということになる。まさに，原油採掘による「信用創造」がなされているようなものであろう。

　こうして，財・サービス，国際金融市場にたいして，膨大なあらたな需要がはいり込んでくることになるだろう。そうすると，アメリカの最先端の軍需品をはじめとする財・サービスへの需要が増えるとともに，サブプライムローン危機で雲行きがあやしくなっているものの，アメリカの「高度」な金融技術にもとづく金融サービスへの需要がますます増加し，アメリカ金融資本の金融収益がいちじるしく増大することになるだろう。

　もし，そうなれば，アメリカの貿易赤字と所得収支赤字が減少して，経常収支赤字が大幅に低下する可能性が出てくるかもしれない。そうすれば，ドル暴落の危険性が遠のき，国際通貨システムが安定する方向にすすむかもしれない。

第7章

金融証券化と国際金融市場

1 アメリカの住宅市場

(1) 株式市場と住宅市場

　戦後の冷戦によりアメリカは，超最先端産業に特化した。それは，利益率は高いが経済波及効果は低い。したがって，長期にわたる景気の低迷にあえいだ。民生用重化学工業は，日本とドイツがになった。ドイツは，EUへの参加により市場拡大型経済成長，日本は，高度成長後，公共投資による内需拡大と対米依存による外需拡大で経済成長を実現した。

　1990年代にIT革命とドル高政策にもとづく世界からの資金流入により株価高騰が実現し，アメリカは，戦後最長の好景気を実現した。超最先端産業の果実が，IT産業，軍事産業，農業，金融業の発展をもたらした。

　日本では，経済成長への寄与度が大きいのは設備投資と輸出であるが，アメリカでは，国際競争力のある民生用重化学工業とりわけ製造業がないこともあって，個人消費である。GDPに占める個人消費の構成比率は，日本は6割程度なのにたいして，アメリカは7割である。したがって，アメリカでは，国民の大量消費，「浪費」がなされればなされるほど経済成長がはかられる。

　アメリカの経済が成長すればするほど，資源の浪費と環境破壊がすすむということになるが，消費を拡大させるために，アメリカは，1990年代中葉にネット株などの株価バブルを発生させ，2000年以降には，住宅バブルを生みだした。

　アメリカでは，1990年代に株主資本主義が確立した。これは，会社は株主

のものという考え方にもとづくものである。

1995年のドル高政策により,日欧の資金がアメリカの株式市場に流入した。実体経済上の根拠は,IT革命とインターネットの普及にある。1990年代末にはネットバブルが生じた。

アメリカでは,個人金融資産の約半分が株式投資信託とか株式を多く組み込んだ確定拠出年金など株絡み金融商品なので,株価が上昇すると資産効果によって,個人消費が増え,経済が成長する。株価が上昇すると金融資産と老後の年金が増えるので,日本のように老後のたくわえをする必要がない。だから,貯蓄率というのは絶望的に低い。

(2) 住宅バブルの発生

2000年初頭にさしものネットバブルも崩壊し,株価は下落していった。その要因は,バブル潰しのために中央銀行が利上げに踏み切ったことにある。だが,日本のバブルが日本銀行の執拗な金融引き締めによって,潰されすぎて,深刻な長期不況,平成金融「恐慌」におそわれた教訓を学んだアメリカは,景気が変調をきたすと直ちに引き締め政策を転換した。

本来であれば,景気は後退局面に突入するはずであったが,おかげで,それほど深刻な景気の落ち込みはなかった。だが,2001年9月11日の同時多発テロの発生を契機にして,株価が暴落していった。そこで,中央銀行は連続的な利下げをおこなった。景気てこ入れのために,政府は所得税などの減税をおこなった。

おかげで,住宅価格の下落はみられなかった。というよりも住宅価格が上昇し,住宅建設が増加し,景気を下支えする大きな要因となった。金利の引き下げによって,住宅ローンが借りやすくなったので,住宅需要が増加し,住宅価格が上昇した。

金融機関による住宅ローン供与が増大したが,健全な借り手にたいする貸付だけでは,金融機関の利益がなかなか増えない。本来であれば,銀行は,高いリスクをとってはいけないので,健全な借り手がいなくなったら,住宅ローン

第7章　金融証券化と国際金融市場

はやめるべきであろう。

　だがしかし，アメリカでは，株式会社の唯一の所有者は株主なので，住宅市場が興隆をむかえているのであれば，さらに住宅ローンを拡大して，より多くの利益をあげて，株主に配当せよということになる。

　そこで，貸付先を拡大するために，信用度の低い借入先にも住宅ローンを供与した。これがサブプライムローンである。とくにアフリカ系アメリカ人や南米系アメリカ人などのマイノリティのひとびとのうち，低所得者への住宅ローンは，アメリカの金融機関はいままであまり提供してこなかった。これが，貧しいアフリカ系アメリカ人の居住地域を金融機関が差別したレッドライニングといわれるものである。

　「低所得者層だと，どうして良質の住宅をもてないのか」という批判をあびたことへの反省から，2001年あたりから，金融機関は，低所得者層にも住宅ローンの提供をいちじるしく拡大した。

　ドイツなどであれば，政府の援助による公共住宅（ドイツでは社会住宅という）の提供などがおこなわれるが，市場経済を重視するアメリカでは，返済に不安のある借り手にどうして住宅ローンを提供しなければならないかということになるのだろう。

　だが，サブプライムローンというのは，低所得者層にも良質な住宅をという社会政策的観点から提供されたものではない。サブプライムローンの特徴は，当初，たとえば，2年間は金利が低く，2年たつと金利がはねあがるというものである。したがって，住宅価格の上昇局面で，金利の低いうちに売却すれば，売却益を手にいれることもできる。住宅ローンを提供した金融機関が損害を受けることはない。

（3）住宅価格上昇と消費拡大

　金利の引き下げと金融機関によるサブプライムローンの大規模な提供などで，住宅需要が増大したので，新築住宅や中古住宅の価格が上昇しつづけた。

　金利引き下げにより，借り入れ余力が増大すると，借り換えをして，現金を

手にいれてそれを消費に回した。金利が低下すれば，同じ返済額でも，より多く借り入れできるからである。住宅価格が上昇すると担保価値が上がり，借り入れ余力が増大するので，さらに借りて，消費に回すと，景気がまた高揚する。

　サブプライムローンの特徴というのは，当初2年間程度は金利がかなり低いことにある。だから，2000万円を当初2年間は年利2％で借りたとすると，1年間に金利を40万円支払えばいい。低所得者層といえども支払い可能な金額であろう。2年後に住宅価格が2500万円に上昇していれば，500万円の売買益が出る。2年分の金利80万円を差し引いても420万円の儲けである。この420万円があらたな購買力をもつことになる。

　こうして，住宅価格の上昇によって，個人消費がいちじるしく拡大した。個人消費が増大して，景気も高揚したので，株価も上昇した。ダウ平均株価は，ネットバブルのピーク，2000年1月14日に1万1722.98ドルをつけたあと下落したが，住宅価格の上昇ともに回復し，とうとう06年10月3日にそれまでの最高値1万1727.34ドルをつけた。

（4）住宅バブルの崩壊

　日本では，バブル経済が崩壊してから18年もたつのに，最盛期の株価の三分の一あまりであるが，アメリカでは，比較的短期間に史上最高値を更新した。それは，バブル潰しをしすぎてはいけないという教訓から学んだ結果である。

　だが，アメリカの致命的誤りは，日本がバブル経済を作り出した負の教訓をまったく学んではいなかったことにある。バブル期に，アメリカやドイツが金利引き上げをおこなったのに，日本銀行がそれまでの最低の低金利をつづけたので，過剰流動性が発生して，地価が暴騰し，深刻な土地バブルが発生した。

　このときに，アメリカやドイツとともに，金融引き締めに転換していれば，あそこまでのバブル経済は発生しなかったはずである。

　こうした好循環が機能する大前提は，住宅価格があがりつづけるということである。日本のバブルで実証されたにもかかわらず，アメリカの中央銀行や政府は，住宅価格の急激な上昇に歯止めをかけようとはしなかった。

住宅価格が永遠に上昇するという前提で住宅ローンを供給するというのは，略奪的貸付とかポンツイ金融といわれるものである。

　住宅ローンが焦げ付いたら，担保にとった住宅を取り上げれば，貸し手の損失を最小限にすることができる。信用リスクがあるにもかかわらず，とにかく貸し付けて，返済できなければ，家を取り上げるというのが，略奪的貸付といわれるものである。

　ポンツイというのは，大恐慌期に暗躍した有名な詐欺師の名前のようである。信用リスクが高くても，どんどん貸し付けて，いい家に住めますよとか，住宅の値段が上がるので，売れば儲けますよとうまいことをいって，だます金融が，ポンツイ金融といわれるものである。もちろん，住宅価格があがっていれば，ポンツイ金融とはいわないだろう。

　証券・株式，住宅など価格変動商品の価格があがりつづけるということはないので，やはり，少なくともサブプライムローンというのはポンツイ金融の範疇にはいるだろう。

　3年目から金利がもし10％にはねあがったら，先のケースで利子だけで年200万円支払わなければならなくなる。2000万円で購入した住宅価格が1800万円にでも下落すれば，あらたに200万円の負債となる。低所得者層の年収は，せいぜい200万から300万円程度であろうから，結局，住宅を取り上げられることになり，質の悪い賃貸アパートに逆戻りということになるのであろう。

　アメリカの住宅市場は，2006年に後退局面に突入した。住宅バブルの崩壊である。07年になると，サブプライムローン危機が顕在化し，アメリカの景気も後退局面に突入した。ダウ平均株価は，07年10月9日に史上最高値1万4164.53ドルをつけたのち，年末から年初にかけてかなりの下げを記録した。

2　住宅ローンと証券化商品

(1) 貸付債権の証券化

　このサブプライムローン危機で欧米の大手銀行が軒並み，巨額の損失を計上した。本来，アメリカの銀行は，住宅ローンなどの貸付債権を証券化して売却するので，銀行がリスクをとらずにすむはずである。ここに，きわめて長期化した日本の平成金融「恐慌」との大きな相違点がある。

　日本のバブル経済期には，銀行は，土地を担保にとって天文学的規模の不動産売買資金を供給した。ところが，バブル経済が崩壊すると担保にとった土地の価格が暴落し，銀行には，最高値近辺で貸し付けた簿価と現実の暴落した価格との差額が不良債権額として，バランスシートにあらわれない膨大な損失となった。なんとしても償却しなければならないので，銀行は，せっせと稼いで穴埋めをした。

　すさまじい金額だったので，末期になると銀行は公的資金の投入もあおいで，損失の穴埋めをおこなったものの，10年以上の歳月が必要だったのである。銀行が儲けても，それを経済の成長，産業構造の変革のために使うことはできなかったので，日本経済は長期の低迷に見舞われたのである。

　もうひとつ，日本の銀行は，経済を発展させるための「信用創造機能」を，土地の価格を「暴騰」させるために使った。天文学的規模の不良債権が残ったのはそのためであった。

　それにたいして，アメリカの銀行は，住宅ローンを提供しても，それを証券化して売却するので，銀行が信用リスクをとることはない。したがって，住宅バブルがはじけても，日本のような長期不況におちいることはないし，銀行が莫大な損失をこうむることもないといわれてきた。リスクをとるのは，証券化商品を購入した投資家だからである。

　日本では，平成金融「恐慌」が深刻化すると，アメリカ型金融システムを日本に導入すれば，銀行危機は生じない，証券市場を自由化すれば，経済が発展

するといわれた。だがしかし，サブプライムローン危機というのは，そのような議論がじつは，あまり正鵠をえたものではなかったことを白日の下にさらした。

アメリカでは，銀行が証券化することで「信用創造」機能をはたし，住宅バブルを作り上げたのである。しかも，証券化するということは，リスクを他に転嫁するということなので，リスクの高い借り手にも住宅ローンを提供できたのであろう。

(2) サブプライムローンの焦げ付き

2006年末までに約10兆ドルの住宅ローンの提供がおこなわれ，そのうち約1兆3000億ドルがサブプライムローンであり，住宅ローンの約6割が住宅ローン担保証券（RMBS）として証券化された。

RMBSの一部が，社債，商業用モーゲージ，消費者信用，商工業ローンなどを裏づけ資産とした資産担保証券とともに担保とされて債務担保証券（CDO）として再組成されている。

CDOが3兆1000億ドルで，そのうちサブプライムローンをふくむCDOは1兆ドルあるといわれている。

2007年にはいり，サブプライムローンの延滞が急増し，延滞率は約15％，約2000億ドルが不良債権といわれた。

住宅ローンを提供した住宅金融会社も経営危機におちいった。住宅金融会社は，住宅ローン関連資産を担保にレポ市場で資金繰りをつけているので，レポの出し手にも信用リスクが波及した。銀行も子会社をつうじて証券化商品への投資を拡大したので，損失が拡大した。

ヘッジファンドもRMBSやCDOのうちリスクの高い劣後部分（エクイティCDO）に集中的に投資していた。ヘッジファンドは，超低金利下の日本で資金を調達して，高金利国の証券化商品などに投資するキャリー・トレードを積極的におこなった。

第Ⅰ部　国際金融市場と通貨システム

3　国際金融市場への影響

（1）証券化商品市場の問題点

そもそも，低所得者向けの住宅ローンであって，リスクの高いサブプライムローンを証券化した金融商品を組み込んでいるCDOの格付けが，高いはずがないというのは，高度の金融工学というものを知らない素人の議論のようである。

CDOは，優先・劣後構造を有する異なったトランシェに区分されて売却される。

したがって，トリプルB以下のRMBSに裏づけされたものであっても，

①トリプルAやダブルAの優先CDO，

②トリプルB以下のメザニンCDO，

③最劣後のエクイティCDO，

に分けられる。

その理屈は，つぎのようなものである。

AというRMBSのデフォルト率が3割，BというRMBSのデフォルト率が3割で，格付けが同じであったとしても，債務不履行に正の相関があれば，すなわち，同時にデフォルトしなければ，このAとBふたつをふくむCDOが同時にデフォルトする確率というのは3割以下になる。そうすると，AとBを組み込んだCDOというのは，もとの格付けよりも高い格付けとなるというのである。

高度な金融工学を駆使することによって，このような金融商品を組成できるという。

このような事態の最大の問題点というのは，経済学的には，本来はありえないはずの，リスクがリスクでなくなることにある。さらにつぎのような問題もある。

第一に，証券化された金融商品をもとにして，それをまた証券化するという

ことが繰り返されるので，情報開示やリスクの所在がきわめて不十分になるということである。サブプライムローンのように，最初のリスクが，どこにあるのかよく分からなくなるので，結局，投資家の購入した証券化商品に，どの程度リスクがあるかよく分からなくなってしまうのである。

第二に，格付け会社の問題がある。格付け会社は，格付け対象会社から手数料をえるという，おかしなシステムをとっている。社債などを発行するときには，格付け会社から格付けを取得することを義務付けられているにもかかわらず，格付け取得に当の格付け会社に手数料を支払うというのである。

サブプライムローンを証券化した金融商品の格付けもおこなったが，かなり高い格付けをつけていた。サブプライムローン危機が顕在化したのは，格付け会社が，突然，証券化商品の格付けを引き下げたことがきっかけとなったといわれている。

第三に，会計処理が不透明となることである。CDOには，市場価格，時価（公正価値）がないので，理論値で評価しなければならない。そうすると，会計処理をするさいには，組成，販売した側の投資銀行が出す参考価格にもとづいて会計処理をしなければならないということになる。はたして，投資銀行などの参考価格が客観的なものなのかどうかを検証する手段がない。

第四に，リスクの高いCDOの多くをかかえていたのがヘッジファンドであったが，サブプライムローン危機が顕在化すると直ちに売り抜けた。ヘッジファンドは，私募ファンドなので，金融監督から逃れており，国際金融市場での攪乱要因となるケースが多いといえよう。

（2）国際金融市場の混乱

サブプライムローン危機で国際金融市場に混乱をもたらした要因として，ふたつの見解がある。

ひとつは，証券化が繰り返されたので，リスクの所在がわからなくなったことである。したがって，投資家が疑心暗鬼となってしまった。CDO市場が，まさに金縛りの状態におちいったのはそのためなのであろう。

もうひとつは，金融工学の発展によりリスクテークが可能となったことである。リスクがリスクでなくなることはないと思うが，もし，計算上リスクがかなり低下するとすれば，金融商品の価格が上昇する一方で，収益率が低下する。そうすると，さらにレバレッジをきかせることで金融商品価格がさらに上昇することになる。

 前者の要因が強いとすれば，証券化市場の情報開示を徹底すべきだということになるし，後者の要因が強いとすれば，証券化商品市場における金融商品組成にある程度規制を加えるべきだということになるだろう。

 現実は，サブプライムローン危機というのは，このふたつの要因の複合によって生じたのであろう。

 サブプライムローン危機で特徴的なことは，住宅ローンを証券化して売却し，リスクを転化したはずの大銀行の赤字決算が目立っていることである。それは，住宅バブルにさいして，銀行が金儲けにはしったからである。

 銀行は，利益獲得のために資産運用会社を設立した。銀行出資の子会社である特別目的会社（SIV）が保有資産を担保にして資産担保CP（ABCP）を発行し，資金をRMBSやCDO投資していた。

 親銀行は，発行したCPの更新ができないときのために信用供与枠（コミットメントライン）を設定していた。通常は，子会社の格付けは親銀行より低い。信用力が劣るからである。そうすると子会社は，有利な資金調達ができず，資産運用しても収益が低くなる。したがって，子会社の格付けを引き上げると，低金利で資金調達ができるので，収益が増加する。

 SIVは，サブプライムローン危機の顕在化で投資したRMBSやCDOの価格が低下するとかで，転売できなくなった。そうなると，ABCPの更新ができなくなった。そこで，親銀行が多額の信用供与をせざるをえなくなったのである。

 こうして，欧米の大銀行は，突発的な信用供与をせまられたが，ドル資金調達をしなければならないヨーロッパの銀行が流動性危機におちいった。そこで，欧州中央銀行が巨額の流動性の供給をしなければならなかったのである。

 スイスUBS，ドイツ銀行，シティグループなど数多くの欧米金融機関が膨

大な損失を計上している。イギリスの中堅銀行ノーザン・ロックにいたっては取り付け騒ぎに遭遇し，ついには国有化された。

　2008年になると06年のサブプライムローンの金利が暴騰するので，ますます住宅ローンの焦げ付きと証券化商品市場の低迷が予想された。アメリカの住宅バブルがはじけて，急激に個人消費が冷え込むことが予測されたので，株価の下落と景気の低迷がつづいた。

# 第8章
ヘッジファンドと政府系ファンド

1 ヘッジファンド

（1）投資ファンド

　サッポロビール株の買占め，ブルドックソースへの TOB（公開買い付け）など，買収騒動の主役のひとりがスティール・パートナーズというアメリカ系投資ファンドである。

　投資ファンドというのは，投資家から集めた資金を投資の専門家（ファンドマネージャー）がさまざまな投資対象に投資し，投資収益を投資家に分配するものである。公募投資信託も投資ファンドであるが，小額資金を不特定多数の投資家からあつめて運用するので，投資家保護のため，きびしい規制が課せられている。投資対象も上場証券などの買いに限定され，株を借りて売る（空売り）ことはできない。

　大資産家や金融機関など少数の投資家から多額の資金をあつめ，さまざまな投資手法を駆使して金儲けするため，法人格をもたない組合型をとる投資ファンドにたいしては，従来，ほとんど規制はなかった。

　投資ファンドは，資金を借りて投資し，利益率をあげる（レバレッジ効果），空売りをおこなう（株を借りて売り，下がったところで買い戻して儲ける），デリバティブなども駆使して，市場の動向にかかわりなく，高い収益をめざす。

　投資ファンドには，
　①ベンチャービジネスに投資するベンチャーキャピタルファンド，
　②不動産に投資する不動産投資ファンド，

③経営不振企業に投資する企業再生ファンド,
④破綻企業に投資するディストレスファンド,
などがある。

　ヘッジファンドは,デリバティブなど高度の金融技術を駆使し,高い収益をねらう投資ファンドである。アジア通貨危機など,市場を混乱させることが多いので,2007年5月にドイツで開催されたG8財務相会合において,ドイツが規制強化を主張したが,米英と日本が反対した。

　日本市場を荒らしているのが,バイアウトファンドといわれるものである。投資家からあつめた資金と借り入れ資金を企業に投資し,積極的に経営を支援し,企業の価値と株価をあげて,売却して儲けようとするものである。

　問題は,アクティビストファンドである。これは,株価が割安な企業に投資し,積極的に経営に口出し,企業価値をあげるもので,その典型は,いわゆる村上ファンドである。村上元代表逮捕と前後して,今度はスティール・パートナーズなど外資系アクティビストファンドが,公然と表舞台に登場し,猛威をふるっている。

　ブルドックソースは,総資産の約半分が現預金・有価証券（内部留保）からなっている。スティールに乗っ取られて配当に回されれば,株価も上昇し,スティールは,二重のぼろ儲けができる。結局,ブルドック側の買収防衛策によって,買収は成功しなかった。

　アクティビストファンドは,企業経営に積極的に介入して,金儲けするが,その源泉は,労働者・従業員の血と涙の結晶にほかならない。これが米ハゲタカファンドに奪い取られるのである。

　内部留保のほとんどを配当すると,企業は研究開発ができなくなる。そうなれば,いいもの作りで生きている日本経済は崩壊する。アメリカの民生用重化学工業（製造業）の国際競争力が低いのは,乗っ取り防止のため,すぐに利益を生まない研究開発費も配当に回し,株価を引き上げてきたからである。これでは,いいものが作れるはずがない。

　アメリカ金融資本が傍若無人に徘徊できるよう市場開放した国は日本だけで

ある。ヨーロッパは、マネーゲームや外資の行動をきびしく規制している。日本では再規制が不可欠である。さもないと、労働者・従業員の血と汗の結晶である企業の内部留保数百兆円がアメリカにかすめ取られてしまうことになる。

(2) ヘッジファンド

1949年にアメリカのジャーナリストであるアルフレッド・ジョーンズがはじめたジョーンズ・ヘッジファンドが最初のヘッジファンドであるといわれている。同ヘッジファンドは、パフォーマンスに応じて報酬が変わる成功報酬方式を導入して出資者を募集し、レバレッジや空売りなどを活用して高い収益をめざすものであった。

ヘッジファンドは、年々増加しており、2007年には、数で約1万、総運用資産残高は約1兆6000億ドルにものぼっている。

ヘッジファンドについての明確な定義はないが、通常、つぎのようにいわれている。

第一に、不特定多数の投資家からではなく、機関投資家や富裕層など特定少数の投資家から資金をあつめて、私募によって運用される。私募形式によって資金をあつめるので、規制対象となっている金融機関や上場企業のように、情報開示や運用手法にたいする法令上の制約がなく、自由に運用することができる。

第二に、出資による自己資本だけでなく、多くの借り入れもおこない、これをてこ（レバレッジ）として自己資本にたいする収益率の拡大をはかるレバレッジ手法を使うことにある。

バーゼル銀行監督委員会によれば、現在では、レバレッジには、たんに借り入れ資金によるものだけでなく、デリバティブなどを活用した場合も含められており、「なんらかの共通の尺度であらわされたリスクの自己資本にたいする比率」と定義されている。レバレッジの高いことがヘッジファンドの特徴であるので、現在では、「高レバレッジ機関」といういい方もされている。

そうすると、大幅な価格変動にたいするエクスポージャーが大きくなり、市

第8章　ヘッジファンドと政府系ファンド

場の動向次第では，ヘッジファンドの取引相手や債権者が大きなカウンターパーティ・リスクにさらされることになる。したがって，金融機関がヘッジファンドに出資などをおこなう場合には，リスク管理の徹底が不可欠となる。

第三に，解約制限と手数料体系に成功報酬方式をとる形態が多いことである。

一般に，ヘッジファンドは，このようなものであるといわれているが，私募形式をとることで，ディスクロージャーの義務はなく，取引規制もないので，先端的といわれる投資手法を活用することができるし，投資の手の内を外部にあかす必要もない。

さらに，固定報酬にくわえて，ヘッジファンドの特徴である利益の平均約20％ともいわれる成功報酬方式をとることで，いきおい高いリターンを追求するインセンティブがわいてくるといわれる。

ヘッジファンドといわれるゆえんは，成立当初の投資手法に特徴があるが，それは，市場のゆがみを利用して，売買をおこない，適正価格に収斂していく過程で利益をあげるというものである。

たとえば，割高株・債券などのショート（売り持ち），割安株・債券などのロング（買い持ち）を組み合わせて投資することにより，価格が変動するなどのマーケット・リスクにたいしてヘッジすることができる。

予想どおり価格が適正価格に収斂すれば，高い収益をえることができる。もし，すべての株式・債券価格が下落しても，ショートの収益とロングの損失を相殺できるので，割安株・債券と割高株・債券の選択を間違えさえしなければ，さほど大きな損失をこうむることはない。

現在のヘッジファンドの投資戦略は，つぎのようなものがある（「日銀レビュー」2006年11月）。

① ボンド・アービトラージ型：割高・割安を予想してロングとショートを組み合わせて投資する，すなわち債券などの銘柄間での価格形成のゆがみに注目して，適正価格に収斂する過程で利益を追求する。
② 株式ロングショート型：割安株のロングと割高株のショートを組み合わせ，先物・オプションなども取り入れて，市場の動向に左右されずに利益を追

求する。

③株式マーケットニュートラル型：個別銘柄の価格形成のゆがみをとらえて同程度の額のロング・ショートポジションをもつ。

④ショートバイアス型：現物株式とデリバティブを主要な投資対象にして，ネットでショートポジションを維持する。

⑤グローバル・マクロ型：それぞれの国の経済のファンダメンタルズと証券や外国為替相場との乖離を解消させるための投資をおこなう。

⑥エマージング型：とりわけ新興市場国の株式や債券に投資する。

⑦イベントドリブン型：企業合併，事業再編，清算，破産などによって生ずる価格変動をとらえて収益を確保する。

⑧マネージド・フューチャーズ型：各国の株式，為替，コモディティ，デリバティブなどの先物市場で取引する。

⑨CB・アービトラージ型：たとえば，同一企業の転換社債（CB）をロング，普通株をショートとする投資手法のように，企業が発行するCBとそのほかの証券との価格関係を収益機会とする。

2　政府系ファンド

（1）堅実な政府系ファンド

サブプライムローン問題が深刻化するにつれて，アメリカ金融資本も膨大な損失を計上している。シティ・グループは数兆円あまりの損失を計上しているが，2007年11月にアラブ首長国連邦の政府系ファンドであるアブダビ投資庁は，総額75億ドル（約8000億円）の出資証券の受け入れをきめた。

巨額の損失をかかえるそのほかいくつかの金融資本も政府系ファンドからの出資を募り，サブプライム危機を乗り切ろうとしている。

政府系ファンド（Sovereign Wealth Fund：SWF）というのは，国富ファンドともよばれ，明確な定義はないが，一般に，オイルマネーや貿易黒字による外貨準備などを原資として運用し，国家財政の歳入増に寄与するために設立され

た政府系の資金運用機関である。

　政府系ファンドは，1950年代に中東諸国がオイルマネーを安定的に運用するために設立されたが，運用先は欧米諸国の国債などが中心であった。

　それは，アメリカが不換紙幣ドルを世界に供給して需要を喚起したり，資本主義世界の経済成長を促進するために輸入を増やすと，当然，貿易収支が赤字になるが，オイルマネーのアメリカへの還流によって，国際収支をバランスさせることができるという，きわめて効率的な資金循環システムであった。

　この一見すると効率的な国際的資金循環システムは，現在では，8000億ドルを超えるアメリカの経常収支赤字によるドル暴落の危険性の高まりで，大きく変容しつつある。

　昨今の国際的投機による原油価格の暴騰は，国民生活に深刻な影響を与えているが，産油国には，膨大なオイルマネーが流入している。中国やインド，ロシアやブラジルなど経済成長がいちじるしい地域にも，膨大な貿易黒字による外貨準備が積み上がっている。

　ドルを中心とする膨大なオイルマネーや外貨準備が政府系ファンドとして積極的に運用されている。その規模は約3兆ドルにのぼるともいわれている。国際金融市場を荒し回るヘッジファンドの約1.5兆ドルの倍の規模に達している。

　従来，欧米の国債や優良株などの安全資産で運用していた政府系ファンドが，近年，急速に高い運用パフォーマンスをもとめているのは，ドル暴落への対応，自国の国家財政への寄与，世界の優良企業などに投資することにより，長期的・安定的な収益基盤を確保するという国家戦略にもとづくものであろう。

（2）政府系ファンドの問題点

　しかしながら，政府系ファンドによる投資には，いくつかの問題点もある。

　たとえば，政府系ファンドによって企業株式を購入してもらえば，株価維持には有効であるが，他方で，必死になって開発した高い技術の流出の危険性が高まるだけでなく，外国の株主のために働かなければならないということになるかもしれない。

多くの政府系ファンドは，経営には直接口を出さないというが，それが配当収入だけが目的であるとすれば，とにかく外国株主のために働けとなり，賃金や労働条件がとことん引き下げられる可能性がある。

オイルマネーによる株式などの取得であれば，温暖化防止のために石油を使わないということは許さないかもしれないし，本来，為替相場の安定のために運用されるはずの外貨準備が，資産運用に使われるとすれば，為替相場の混乱要因となりかねない。

さらに，国家の基幹産業，たとえば金融機関，軍事企業などが政府系ファンドに買収されるようになれば，国家存立の根幹を揺るがす事態が生じる可能性が出てくる。

政府系ファンドは，ヘッジファンドのような金儲け一辺倒で資金を運用するということはないだろうが，このような問題があるので，ノルウェーの政府系ファンドのように，徹底した情報開示をもとめなければならない。

100兆円もの規模に達する日本の外貨準備も政府系ファンドとして運用すべきだという意見もある。政府には，アメリカ依存経済を転換するつもりは微塵もないので，世界でも珍しく，外貨準備のほとんどは，律儀に「紙屑」寸前のドルで保有している。ドル建てなので表面には出ないが，円高傾向により利払いはあっても，数兆円規模の為替差損をかかえているともいわれている。

これを政府系ファンドとして，為替相場安定に配慮し，分散投資により為替差損を回避しながら，5％くらいで運用できれば年間5兆円の利益が出ることになる。これを経済格差是正や福祉充実に使えば，多少はましな日本ができあがるだろう。

3　投資ファンドと国際金融市場

(1) ヘッジファンドの行動

やはり，ヘッジファンドというと，少しでも多くの利益をあげるために高いレバレッジをかけてマーケットを動かすというものが多いように見受けられる。

第8章　ヘッジファンドと政府系ファンド

　1992年の欧州通貨制度（EMS）の危機は，ヘッジファンドによるポンドやリラの売り浴びせによって生じた。1997年のアジア通貨危機もヘッジファンドによる売り浴びせによって生じた。

　1995年にドル高政策をとったアメリカにも日欧から膨大な資金が流入し，ネットバブルが生じた。2000年初頭に，このネットバブルが崩壊すると今度は，ヘッジファンドは，資金を一次産品・原油に投入し，これらの価格が暴騰した。超低金利の円資金を借り入れて，高金利通貨などの世界の金融資産に投資するキャリー・トレード（円借り取引）も急速に拡大していった。

　ネットバブルが崩壊するとアメリカは，経済成長を持続させるために金利の連続的な引き下げをおこなった。これは，株価の下支えのためであるとともに，住宅市場のてこ入れのためであった。ここで深刻な問題は，返済に問題のある低所得者層にも住宅ローン（サブプライムローン）を貸し付けたことである。住宅価格が上昇しているうちは，問題がなかったが，住宅市場が低迷すると焦げ付きが激増した。

　この低所得者向けサブプライムローンを担保にして住宅ローン担保証券，この証券をもとにした債務担保証券（CDO）が発行され，国際金融市場で大規模に売却された。リスクのもっとも高いCDOに投資していたのがヘッジファンドであった。

　証券化商品は，投資銀行などが組成し，格付け会社が格付けするものであって，金融工学にもとづいて形成されたモデルや組成・格付けの特徴を見極める知識があれば，当該金融商品が割安なのか割高なのかを判断することは，それほどむずかしいものではない。とすれば，ヘッジファンドの投資手法である，ロングとショートの組み合わせによって，高い利益をえることは比較的簡単であろう。

　たとえば，割安なサブプライムローン関連CDOを買い，同じ格付けであるが割高な社債を売れば，高い利益をえることが可能である。とくに，リスクの高いサブプライムローン関連CDOを購入すれば，小額の資金で高い利益がえられるし，住宅ローンを提供した地域が異なるものを組み込んだCDOを購入

すれば，地域によりデフォルト率が異なるので，リスクの軽減をはかることが可能である。

　高度な金融技術を駆使して金融取引をおこなうヘッジファンドなどの投資家が多く存在したことで，市場におけるリスク許容度が高まったことが，サブプライムローン関連金融商品市場が急拡大した大きな要因のひとつである。

　とりわけヘッジファンドの金融取引の特徴は，レポ調達や証券担保借り入れ，デリバティブなどによるレバレッジ投資をおこなっていることにあるが，その多くは，金融機関からの借入金であって，そこには，通常，抵当権が設定されている。

　おおもとのサブプライムローンに焦げ付きが発生し，それが深刻化することで，保有している資産価格が下落すると，自己資本の何倍もの投資をおこなっているヘッジファンドは，金融機関からの追加証拠金の差し入れをもとめられる。

　年金基金やファンド・オブ・ファンズなどの投資家は，近年，ヘッジファンドへの投資を拡大してきたが，通常は，出資にさいしてあらかじめ損切りラインを設定している。そこで，追加証拠金の差し入れや解約が殺到すると，資金確保のためにそのほかの優良保有資産の投売りがはじまり，それが市場全体に波及することになる。

　こうして，「サブプライム・ショック」とか「サブプライム危機」といわれる事態が発生した。サブプライムローン問題のゆくえは，きわめて深刻である。

（2）ヘッジファンドへの規制

　通貨・経済危機などが生じるたびにヘッジファンドがきまって槍玉にあげられる。EMSの危機やアジア通貨危機などは，ヘッジファンドに経済政策と為替政策の乖離を突かれたものである。ヘッジファンドは膨大な利益をあげたが，その後，この乖離は徐々に解消された。

　ヘッジファンドの経済的機能というのは，割高・割安な金融商品に投資して，適正価格に戻す役割，経済政策の不合理さを是正するという点にある。すなわ

第8章　ヘッジファンドと政府系ファンド

ち，金融市場に流動性を供給するととともに，市場が一方的に動くことを防止する役割がある。要は，効率的で透明で，ゆがみのない市場形成に大きな役割をはたしているので，ヘッジファンドを「イールド・カーブ・ポリス」とよぶひともいるようである。

こうしたなかで，2007年5月にドイツで開催されたG8財務相会合で，ヘッジファンドにたいする監視を強化することで合意された。

この会合では，国民の間でのヘッジファンドへの規制強化の高まりの声を受けて，すでに，ヘッジファンドによる不動産投資を禁止し，投資額も制限するなど直接的な規制を導入している議長国のドイツが，直接的な規制の導入やヘッジファンドに自主的な行動規範を作らせることを強く主張した。しかしながら，アメリカ，イギリス，日本などは，ヘッジファンドが金融仲介機能をはたし，市場の流動性を高めるなど金融システムの効率化にも大きな役割をはたしているとして直接的な規制に反対した。

そこで，ヘッジファンドなどによる高度な金融取引がおこなわれている現状において，危機が連鎖的に波及するというシステミック・リスクが高くなっているのも事実なので，ヘッジファンドにたいしては，すでにあるヘッジファンドの実務基準を見直し，リスク管理，取引金融機関や投資家への情報開示などを強化すること，金融機関や投資家にたいしては，ヘッジファンドへの投資の内容やリスク情報を適時に，適切に把握することをもとめるということで合意された。

こうした直接規制までさけばれるなかで，現在では，保険会社や年金基金などの機関投資家がヘッジファンドに投資するようになってきていることもあって，ヘッジファンド自体の投資スタンスも変化してきているといわれている。リスクをとるもののハイリターンだけをもとめるという投資スタンスだけでは，受け入れられなくなってきているからであろう。

第9章

企業の社会的責任と金融市場

1 企業の社会的責任

(1) 社会的責任投資 (SRI)

　企業の社会的責任 (CSR) を積極的に評価して投資する運用手法が，社会的責任投資 (SRI) である。より具体的にいえば，健全な社会の実現に貢献する企業に投資するというものである。最近では，中長期的に競争力がある企業に積極的に投資しようという考え方が強まり，SRSI（持続可能な社会的責任投資）といわれる場合もある。

　SRI ファンドに組み込むためのおおまかなアメリカの企業評価基準（ソーシャル・スクリーニング）は，

　①地球環境保全に十分に配慮しているか，

　②女性やマイノリティの雇用を積極的におこなっているか，従業員・労働者の待遇や労働条件は十分か，

　③中小企業の振興や良好な住環境整備など地域社会の発展に寄与しているか，

　④企業規模や収益水準にふさわしい寄付行為をおこなっているか，

　⑤兵器の製造や販売をおこなっていないか，

　⑥動物実験をおこなっていないか，

　⑦外国において劣悪な雇用や児童の雇用をおこなっていないか，

などである。

　1990年代後半になって，世界各地で SRI ファンドが急拡大してきたが，その背景には，市民運動や社会運動が活発化してきたことがある。とくに，市民

運動が，NPOやNGOというかたちでより組織化されてきたことが大きく影響している。

同時に，この時期に，インターネットの急速な普及により，企業情報はじめ，さまざまな情報がより容易に入手できるようになったことも影響している。そうすると，企業の財務状況だけでなく，地球環境保全への取り組み，高い経済・企業倫理，社会貢献を実践する企業かどうかが，株価などに敏感に反応するようになってきた。

（2）SRIファンドの行動

企業の社会的貢献を投資の分野でサポートしようとするSRIファンドの行動には，スクリーニング，株主行動，コミュニティ投資という三種類ある。

スクリーニングには，ポジティブ・スクリーニングとネガティブ・スクリーニングの二種類ある。

ポジティブ・スクリーニングは，地球環境保全への取り組み，高い経済・企業倫理，社会貢献を実践する企業に投資するファンドである。SRIファンドでは，その趣旨からして，地球環境保全・経済倫理の徹底・社会貢献事業などをおこなっている機関・団体に収益の一部を寄付する場合が多いようである。

それにたいして，地球環境保全への取り組み，高い経済・企業倫理，社会貢献を実践していない企業に投資しないファンドがある。これは，ネガティブ・スクリーニングといわれる。

たとえば，アルコールやタバコ企業，兵器関連企業，賭博・ギャンブル関連企業，地球環境を汚染する恐れのある企業，原子力関連企業，人種差別をおこなっている国・地域を営業基盤とする企業，動物実験をおこなっている企業など，SRIファンドにふさわしくないと判断した企業を排除するファンドである。

イスラム金融も広い意味では，ネガティブ・スクリーニングの一種である。イスラム教は，金利を取ることを禁じているので，資金をあつめて投資をおこない，投資家に投資収益を分配するというのが，イスラム金融である。イスラム金融は，イスラム教の教えに従って投資をおこなうので，金利をとる銀行や

保険業，アルコール関連企業，賭博・ギャンブル関連企業，ポルノ関連企業への投資は，きびしく禁じられている。

株主行動というのは，社会的責任をはたすという観点から，投資対象企業の株主として，経営陣に働きかけたり，企業行動に影響力を行使したり，総会で議決権を行使したりすることである。

コミュニティ投資というのは，特定目的投資ともいわれ，金融機関による融資がむずかしい地域の発展のために，低利の融資などをおこなうものである。たとえば，雇用機会の創出，低所得者層や中小企業への融資，住宅ローンの提供，児童保育への融資などである。

2　欧米の企業の社会的責任

（1）欧米の SRI の特徴

SRI というのは，20世紀初頭，アメリカのキリスト教のある宗派が，アルコール，タバコ，ギャンブル関連企業など，倫理的に好ましくないと判断した企業を教会への寄付金などの資産の投資対象から除外したことにはじまる。

社会的責任を考慮して設定された最初の投資信託は，1929年に設定されたパイオニア・ファンドであるといわれている。

1960年代には，ベトナム戦争の激化にともなって，兵器生産に疑問をもつ投資家が登場したが，消費者運動が活発化した70年代には，株主行動が高まることで，兵器生産企業が排除され，その後，アパルトヘイト（人種隔離）政策をおこなう南アフリカで営業する企業が排除された。

1990年代には，雇用，動物保護や森林保護，有害物資の抑制などが基準とされた。90年代後半になると，多国籍企業の現地での苛酷な労働条件が槍玉にあげられるようになった。

1991年に設定されたドミニ・ソーシャル・エクイティ・ファンドは，利益を犠牲にする必要はないとしたはじめての SRI ファンドであるといわれている。

イギリスでも1920年代にキリスト教の教会によるアルコール，タバコ，ギャンブル，兵器に関連する企業などへの投資が回避されている。

　アメリカでは，タバコ，アルコール，ギャンブルなどをネガティブ・スクリーニングとするSRIファンドが多い。とくに，タバコは完全に排除されている。ヨーロッパ大陸諸国のネガティブ・スクリーニングでは，労働条件，就労環境，経営参加，雇用の確保，能力開発など従業員との関係が重視されるとともに，遺伝子組み換え食品関連企業のほか，自動車や航空産業などのグローバル企業についての排除規定などがおかれることもある。

　アメリカのSRIファンドの特徴は，政府の直接的関与が低く，年金基金やSRIファンドなど民間レベルでの活動が主流であるのにたいして，ヨーロッパのSRIファンドの特徴は，政府の関与がかなり高いことにある。ここに，欧米の決定的差異をみることができる。

（2）ヨーロッパのSRIファンド

　イギリスでは，2000年7月に施行された改正「年金法」で，年金運用受託者の投資方針報告書に，

　①投資の選定・継続・実行にさいして，どの程度，地球環境保全・社会貢献・企業倫理的側面を考慮したか，

　②議決権行使を含む投資に付随する権利の行使に関する基本方針の情報開示，

が義務付けられた。

　2000年10月には，年金基金のうち59％が投資プロセスにSRIの原則を盛り込んでいたといわれている。

　2001年10月に，イギリス保険協会は，投資先企業のアニュアルレポートにたいして，「企業活動にともなう社会・地球環境・倫理上の問題による短期・長期リスクを認識して適切に対応することが企業価値を高める」という情報開示のガイドラインをあきらかにした。具体的には，

　①倫理的・環境的問題から企業にどのようなリスクが生ずるか，あるいは，逆にどのようなビジネス・チャンスが生じるかという点について，企業の

内部に公式の評価システムを構築する，
②そうした問題のなかで，当該企業の事業にとって重大な影響を与えるものはどれかを公表する，
③リスクがあると表明した場合，当該リスクへの対応処置と管理方法を開示する，
ということである。

こうした，SRI の普及のために，イギリスでは，2001 年 4 月に世界初の SRI 担当大臣が任命された。

フランスでは，2001 年 5 月に，「会社法」改正の一環として「新経済規正法」が成立し，上場企業にたいして，企業活動の社会的・環境的影響に関する年次報告書の作成・公開が義務付けられた。社会的影響については，労働・雇用，報酬，機会均等，教育訓練，安全・衛生，地域貢献などであるが，とりわけ地域経済の雇用確保と活性化が重視される。フランスでも SRI 担当大臣が任命された。

ドイツでは，2001 年 7 月に，年金制度改正がおこなわれた。年金運用者は，年金基金の運用にあたって，企業倫理・社会貢献・地球環境保全などへの配慮の程度についての報告書を公表することが義務付けられた。

オランダでは，2001 年 3 月に「CSR に関する政府政策」という報告書が政府によって出され，国内外における CSR の方針があきらかにされた。ここで，外国でオランダ企業が責任あるビジネスをおこなうことについての政府の責任が言及され，OECD 多国籍企業ガイドラインや ILO のさだめる基本的労働権利などを企業の尊重・遵守すべきガイドラインとしている。

オランダ政府は，CSR に関する知識・情報センターを設立し，
①専門の情報提供者として，小企業，グローバル企業，労働組合，NGO などの紹介，
②ベスト・プラクティス事例の蓄積と成功要因の検討，
③サプライ・チェーンの間でのパートナーシップの構築，
④合意のむずかしいことに関する投資家との意見交換の場所の提供，

などのサービスを提供している。

スイスには，債券を対象にしたSRIファンドもある。公共債が中心であるが，発行体の倫理性や地球環境保全への取り組みも投資対象の選別の基準となっている。

こうしたヨーロッパにおけるCSR（企業の社会的責任）の拡大を後押ししているのがEUである。

（3）EUのCSR

2001年7月，EUは，グリーン・ペーパー366「CSRに関するヨーロッパ・フレームワーク」，02年7月に「CSR政策に関する欧州委員会報告」によって，CSRに関する基本方針をあきらかにした。その概要は，つぎのとおりである。

① ステークホルダーへの対応：投資家にたいする評価機関の評価法や年金運用の開示，消費者にたいする倫理・社会・環境情報の提供，欧州議会にCSRフォーラムの創設，トリプル・ボトムライン（企業収益・環境保全・社会貢献）報告の推奨。

② 基本原則：CSRの自主性・信頼性・透明性，経済的・社会的・環境的問題，消費者利益のバランス，中小企業の発展への取り組み，国際合意との協調。

③ 戦略領域：開発途上国でのCSRとビジネスの重要性，CSR経験の企業家間での共有，CSRマネジメント技術の向上，中小企業のCSRの育成，雇用，環境，消費者，公的調達，貿易，公的機関などのEUの政策へのCSRの組み込み。

このグリーン・ペーパーが出された1年後，2002年7月にホワイト・ペーパー「企業の社会的責任に関する通達―持続可能な発展にたいする企業の貢献」が公表された。この通達は，グリーン・ペーパーの質問への回答，CSRの定義，CSRに関するEUマルチ・ステークホルダー・フォーラムの設立など，EUにおけるCSR促進のための「実行可能な枠組み」の提示などをおこなっている。

ホワイト・ペーパーは，CSRを「責任ある企業の行動こそが，持続可能なビジネスの成功につながるという認識を企業が強くもち，企業の事業活動やステークホルダーとの相互関係のなかに，社会・環境に関する問題意識を，自主的に取り入れるための考え方」であると定義している。

欧州委員会によれば，「実行可能な枠組み」とは，つぎのとおりである。
①CSRが事業に与える肯定的な影響の認識を高める。
②CSRのベスト・プラクティスの促進と情報交換を促進する。
③CSR管理手法の開発を促進するためのCSR教育を推進する。
④中小企業におけるCSRの促進を支援する。
⑤CSRのツールと実務の透明性と収斂・集中を促進する。
⑥CSRをEUのすべての政策に取り入れる。
⑦EUマルチ・ステークホルダー・フォーラムを設立する。

このホワイト・ペーパーにもとづいて，2002年10月にマルチ・ステークホルダー・フォーラムが設立された。このフォーラムには，企業，NGO，労働組合，消費者，投資家などさまざまなステークホルダーが参加し，04年6月に，
①行動規範や労働協約をはじめとするCSRの基本原理に関する関係機関や関係者の意識の向上，
②CSRに関する企業の理解を深め，連携の強化の推進，
③CSRを推進するための公的機関やEUの役割強化，
など9項目からなる勧告が出された。

このように，ヨーロッパ諸国において，政府がCSRを積極的に推進してきたが，それは，福祉国家型の「大きな政府」の維持が困難になってきたことが背景にある。したがって，グリーン・ペーパーの質問への回答で，EUは労働問題を強調しすぎるし，雇用創出の責任を政府が企業に転嫁しようとする政府の企てだという企業からの批判を受けた。また，政府によるCSRの強制にたいしては，回答をよせた圧倒的企業が反対した。もっとも，回答をよせた企業のほとんどは，EUに批判的なイギリスの大企業であるが。

EUは，政府が大きな社会目標を設定したうえで，企業の国際競争力の強化による経済成長と地球環境保全・経済倫理の確立・企業の社会的責任という社会正義を同時に実現しようとしている。CSRが公共政策として積極的に推進されているのはそのためである。

(4) エコファンドと銀行の貸し手責任
　エコファンドは，地球環境保全に貢献する企業に投資するファンドである。ドイツでは，環境指向型金融商品（グリーン・マネー）市場が拡大してきている。グリーン・マネーは，株式，投資ファンド，債券，生命保険，出資，預金などのほとんどすべての金融商品にみられる。

　この市場拡大の背景には，投資家が自分の投資した資金がどのように利用されているかということに関心をもつようになったことと，グリーン・マネーの利回りが比較的安定するとともに，好調なことがある。

　ドイツの連邦環境省は，グリーン・マネー市場の拡大を側面から支援している。

　2003年6月に7カ国の10金融機関によって採択されたエクエータ（赤道）原則は，海外のプロジェクト・ファイナンス案件において，銀行が借り手に環境影響評価をもとめ，その結果にもとづいて，地球環境に配慮する必要性が高いと判断された案件については，借り手に環境管理計画を作成させて，その計画の遂行を貸し手である銀行が監視するというものである。

　企業の社会的責任というなかには，銀行のいわゆる貸し手責任も含まれるということであろう。

3　アジアのCSR

(1) アジアのCSR
　欧米とくらべて，アジア地域におけるCSRというのは，地域全体としては，まだこれからという段階にある（財団法人　地球・人間環境フォーラム「開発途

上地域における企業の社会的責任　CSR in Asia」2005年3月，6-34頁）。

　アジア地域でも近年，各国にCSRの推進を目的とした団体が設立されている。2004年7月には，CSR推進団体の地域ネットワーク組織として，アジア太平洋CSRグループが設立された。オーストラリア，香港，インド，インドネシア，パキスタン，フィリピン，シンガポール，スリランカ，タイなどのCSR推進団体が加盟し，CSRに関する情報交換と経験交流をすすめている。

　フィリピンでのCSRは，深刻な貧困の解決，公害の防止と環境法令の遵守などが中心におかれている。しかしながら，企業の法令遵守能力と意識はかなり低いというのが現状である。ただ，キリスト教徒が多いということもあって，個人や企業によるフィランソロピー（社会的寄付など慈善活動）活動は長い伝統をもっている。

　フィリピンには，6万あまりものNGOがあり，政府や国際援助機関と協力して，貧困問題や環境問題に取り組んでいる。政府もNGOへの援助を強めている。近年，NGOの数と規模が拡大してきており，取り組み対象も専門化・分化し，フィリピンの政策に与える影響も高まってきている。世界銀行やアジア開発銀行など国際援助機関と協力して，環境・社会関連のプロジェクトを具体的に推進しているNGOもある。

　タイでは，政府のイニシアティブが強いが，2003年にタイ労働基準（TLS. 8001-2003）が策定された。これは，タイの雇用と労働環境の向上，国際貿易の障壁の除去，機会の増大などを目的として制定されたもので，とりわけ労働関係の国家規格である。具体的には，強制労働の禁止，報酬，労働時間，差別，児童労働，女性の雇用，安全・健康・環境などを対象としたもので，基本基準と完成基準というふたつの水準について認証するというものである。

　企業による地球環境保全への取り組みもすすんできている。とくに，輸出企業や外資系企業へのサプライヤーなどでは，企業イメージの向上や取引先の要請などによって，ISO 14001の認証取得企業が増加してきている。

　タイにおいても多くのNGOが公的支援のいきわたらない分野で活発に活動している。とくに，貧困層の多い農村地域では，NGOがマイクロファイナン

ス（小規模金融）の提供や雇用機会の拡大などに貢献している。

　シンガポールは，おおむね市民の政府への信頼が高く，法規制も整備され，地球環境保全や貧困などの社会問題も他のアジア諸国ほどは，深刻化していない。したがって，CSR は，教育や文化の振興などでの若年層への支援を主とする地域社会への貢献が中心である。

　世界的な CSR の議論の高揚を受けて 2002 年に，シンガポールの主要企業を中心にした民間 CSR 推進ネットワークである CCSR（CSR センター）が設立された。

　シンガポールにおいて，CSR を推進するための効果的な戦略を構築し，ステークホルダー間での協力を促進するために，2005 年には，政府，企業，従業員・労働者，労働組合などが主導してシンガポール・コンパクトが設立された。

（2）SRI と日本の対応

　SRI というのは，将来生ずる可能性のあるリスクを事前に評価して投資するので，将来リスクの一種のディスカウント・キャッシュ・フローということができる。したがって，欧米の機関投資家の投資スタンスの変化により，CSR に取り組む企業の株価は上昇する傾向がある。

　SRI ファンドは，社会的に模範的な企業活動をおこなっている企業に投資するものであるが，これらの企業には，優良企業というブランドイメージが定着してきつつある。そうすると，将来のリスクを事前に排除しているということもあって，優秀な従業員があつまり，優良取引先も確保できる。

　そのような中長期的に競争力の高い企業に積極的に投資していこうとする傾向が強まりつつある。

　ヨーロッパでの CSR の議論においては，社会的貢献を重視した経営やよりよい製品・サービスの提供は，市場経済において，みずからの社会的信用を高め，競争力を高めるのに有効であるという見方が急速にクローズアップされてきている。

ヨーロッパでは，CSR は，コストやぜいたく品とはとらえられていない。CSR は，中長期的な利益を確保するための，投資として認識されるようになっており，ヨーロッパの経営者は，CSR を経営の一部として不可欠にビルトインしている。すなわち，企業経営者は，企業収益だけでなく，地球環境保全，社会貢献という三つのボトムライン（トリプル・ボトムライン）のすべてにおいて結果を出すことがきびしくもとめられるようになってきているのである。

　ちなみに，ファミフレ（ファミリー・フレンドリー）ファンドは，2004 年 11 月から三菱信託銀行が三菱 SRI ファンドの名称で販売を開始したものである。同ファンドは，ファミリー・フレンドリー企業を「仕事と生活が両立でき，多様で柔軟な働き方を選択できる企業」としており，産休・育児休暇，介護休暇制度の整備・運用状況，仕事と生活が両立できるような施策をおこなっている企業に投資している。

　すでに，ヨーロッパの企業評価・格付け機関から，日本企業にたいして，CSR に関するさまざまな質問表が送られてきている。適切に対応できず，企業評価・格付けが不利になるケースも増えているようである。CSR 基準を充足していないと認定されると，グローバルなサプライ・チェーンから排除される可能性もある。アメリカの年金基金も，CSR に関連する株主提案や議決権行使をおこなうようになるであろう。

第Ⅱ部

EUの金融システム改革

第10章

ヨーロッパ統合の進展

1 EUの統合と理念

（1）統合の理念

　ヨーロッパを統合して「ひとつのヨーロッパ」を実現しようという考え方は，第二次世界大戦前までさかのぼることができる。たとえば，1923年にオーストリアのパン・ヨーロッパ運動の指導者G・カレルギー伯は，1648年のスイス統合闘争の成功，1776年のアメリカ合衆国独立の承認，1871年のドイツ帝国の成立などの事例を引き合いに出して，ヨーロッパ合衆国の創設を提唱した。

　このヨーロッパ統合の動きも結局は，第二次世界大戦の勃発によって挫折することになった。しかしながら，第二次大戦が終了してからは，ヨーロッパを統合するという動きは，ますます活発化し，かつ本格化し，実現に向けて大きく前進していった。それは，つぎのような要因によるものである。

　第一に，ヨーロッパ自身がみずからの弱体化を最終的に悟ったことである。二度にわたる世界大戦で主戦場となった結果，栄光のヨーロッパは，完全に過去のものとなってしまった。世界の政治・経済上の指導的地位は，個々の国が寄せ木細工のごとくあつまったヨーロッパよりもはるかに強大な軍事力，政治力，経済力をもつにいたった東西の超大国，アメリカと旧ソ連にとってかわられたのである。

　ここで重要なことは，第二次大戦後になって，ヨーロッパの統合が一挙に具体化していった最大の要因が当時，超大国として東西両陣営に登場した米ソに対抗していくためには，どうしてもヨーロッパ諸国が一体となって再興してい

く必要にせまられたということである。

　第二に，あらたな軍事的衝突や戦争は回避しなければならないという「ネバー・アゲイン」というモットーからもわかるように，ヨーロッパ統合への決意が確固たるものとなったということをあげることができる。二度の大戦でヨーロッパが主戦場になり，莫大な犠牲者を出したという戦慄すべき経験をつうじて，ヨーロッパ統合は，すべての政治的行動の方向をさししめす大原則となったのである。

　第三に，社会的，国際的諸関係をより秩序ある方向に導き，よりよく，より自由で，より公正な世界を真剣にもとめ，市民の生活水準と福祉水準の向上，労働条件の改善を希求するという考え方が広まってきたということをあげることができる。

　こうした要因によって，戦後のヨーロッパ統合をめざす動きがはじまったが，その口火を切ったのは，じつは，イギリスのチャーチル首相（当時）であった。チャーチルは，1946年にチューリッヒ大学での演説で「ヨーロッパ合衆国」の結成を提唱した。

（2）マーシャル・プラン

　同時に，ヨーロッパを統合することによって「共産主義」の進出を阻止しようとするアメリカは，マーシャル・プランとよばれるヨーロッパ復興援助計画を策定した。1947年6月，アメリカのマーシャル国務長官（当時）は，ハーバード大学でつぎのように演説した。

　「世界を正常な経済的健康状態に復帰させるために米国ができるだけ援助を与えねばならぬのは当然のことで，世界経済が健康を回復しなければ政治的安定も保障された平和もありえない。……［援助の］目的は自由な諸制度が存在できる政治的，社会的条件の出現を許容するような能動的な経済を世界に復活させることであらねばならない。」（『マーシャル・プラン－米国の対外援助政策』朝日新聞社，1949年，216-217頁）

　このマーシャル援助計画のヨーロッパ側の受け入れ機関として1948年4月

にヨーロッパ経済開発機構（OEEC）が設立された。OEEC 加盟国は当初イギリス，フランス，オーストリアなど 16 カ国であったが，のちに旧西ドイツ，スペインを加えて 18 カ国となった。この OEEC は今日の経済協力開発機構（OECD）の母体となったもので，直接的にヨーロッパの統合に結び付くものではなかったが，OEEC の設立は，ヨーロッパ諸国がお互いに協力していくべきであるという機運を高めることに大いに貢献することになった。

2　EC の成立と発展

（1）EC の成立

　ヨーロッパ経済共同体（EEC）形成の基礎は，フランス外務大臣（当時）R・シューマンが J・モネと共同で，フランスと旧西ドイツの石炭と鉄鋼の生産を合同の最高機関の下におき，参加を希望する他のヨーロッパ諸国にも開かれた組織にするというシューマン・プランを提案した 1950 年に作られた。

　この提案の背後には，旧西ドイツにたいして一方的な制約を課すことはあまり意味のないことであるが，しかし，他方では，完全に独立した旧西ドイツというのも平和にたいして依然として脅威である，という二重の認識があった。このジレンマを解決する唯一の方法は，旧西ドイツを政治的にも経済的にも西ヨーロッパ諸国のグループのなかにしっかりとつなぎとめておくということであった。

　そして，1951 年 4 月，フランス，旧西ドイツ，イタリア，ベルギー，オランダ，ルクセンブルグの 6 カ国がヨーロッパ石炭鉄鋼共同体（ECSC）の設立条約に調印し，翌年 7 月の条約の発効をもってシューマン・プランはついに実現した。

　その後，1955 年に開催された ECSC に加盟する 6 カ国の外相会議で，ヨーロッパのエネルギー部門の統合と経済統合をさらにすすめていくための「メッシナ決議」が採択され，その具体化のためにベルギーの P・H・スパーク外相（当時）を委員長とする専門委員会が設置された。この専門委員会は，1956 年

に最終報告である「スパーク報告」を提出した。

　同報告は，1956年にベニスで開催された外相会議で採択されると同時に，ヨーロッパ経済共同体（EEC），ヨーロッパ原子力共同体（EURATOM）条約の起草の準備が開始された。そして，1957年2月に両共同体の設立条約が6カ国外相会議で承認され，翌3月にローマで調印された。これが，EECの憲法ともいうべき「ローマ条約」である。

　かくして，1958年1月，「ローマ条約」が発効し，ECSCに加盟するフランス，旧西ドイツ，イタリア，ベルギー，オランダ，ルクセンブルグの6カ国を原構成国とするEECが正式に発足した。

　「ローマ条約」第2条によれば，EECの使命は，「共同市場の設立および加盟国の経済政策の漸進的接近により共同体全体の経済活動の調和のとれた発展，持続的かつ均衡的な拡大，安定強化，生活水準の一層速やかな向上および加盟国間の関係の緊密化を促進すること」にある。

　そのため，EECは，域内関税と貿易数量制限の撤廃，労働力・資本の自由移動の実現，農業などの共通政策の実施をめざした。とくに，共同市場の実現にとって不可欠な関税同盟の基本要件は，域内関税と貿易制限の撤廃，域外諸国にたいする共通関税実施である。EECは，この関税同盟を当初の予定より早く1968年に完成させた。

　関税同盟の結成に象徴的にしめされるように，ヨーロッパ共同市場が着実に形成されていくにつれて，経済全体の統合の実現をめざすEECにとって，石炭・鉄鋼，原子力についての政策決定が独自の意思決定機関をもっておこなわれていることは，とりわけエネルギー政策の策定・実施にさいして不都合となっていった。

　そのため，1967年7月に「共同体執行機関の融合に関する条約」が発効し，それまで別々の組織として活動してきたEEC，ECSC，EURATOMの機関がEECを中心とした統一組織に再編された。ECSCの最高機関，EECとEURATOMの委員会はひとつの委員会であるEC（欧州）委員会となり，それぞれの閣僚理事会は統一されてEC閣僚理事会となった。かくて三つの共同体が合併

して，ECが結成された。

（2） 1992年の市場統合

　EEC／ECは，その成立以来，内部にさまざまな困難をかかえながらも，関税同盟や農業政策，経済政策の協調という点で大きな成果をあげてきたことは事実である。しかし，完全な域内市場の形成という側面からみれば，まだ不十分な点が多いこともまた事実であった。

　従来の問題点を克服し，本当の意味で完成された域内市場を形成しようとするものこそ，1992年のECの市場統合にほかならなかった。

　さらに，EECの結成の大きな要因のひとつとして第二次世界大戦後の米ソ超大国に対抗するということがあった。

　しかし，その後，旧ソ連が超大国の座から脱落し，アメリカも経済力の低下が顕著になり，代わってバブル期に日本が世界経済の「主導権」を握るようになってきた。1992年のECの市場統合の推進力のひとつは，日本と対抗していかなければ21世紀に生き延びていくことができないという危機感であった。

　「ローマ条約」第3条にさだめられた域内市場統合の実施項目のほかに，欧州委員会は，エネルギー政策，研究開発・科学技術政策，消費者保護政策，情報政策，さらに，教育政策まで策定し，それによって，ECの市場統合がかなり進展してきた。しかし，依然として，さまざまな障壁が残されていた。主要なものをみてみよう。

①物理的障壁：域内輸送の自由化，輸入数量制限の撤廃，動植物検疫の簡素化，統計フォームの簡素化，人間移動の管理（パスポート・コントロールの緩和など）。

②技術的障壁：物品移動の自由化（製品規格の統一化など），政府調達市場の開放，労働力移動の完全自由化，サービス（金融，運輸など）供与の共同市場化，資本移動の自由化，産業協調のための環境整備（会社法の統一化など）。

③財政的障壁：付加価値税（VAT）の税率と対象品目の調和，その他の間接

税の税率と対象品目の調和。

これらの障壁を除去しないかぎり，本当の意味での域内統合市場の完成はおぼつかないことはあきらかであった。そのためのプログラムとして，1985年6月，欧州委員会は，「域内統合白書 (Completing the Internal Market, White Paper from the Commission to the European Council)」を発表した。

その主要な内容は，

①完全に単一化された統合市場の完成の目標を1992年末とする，

②自由な市場機能の妨げとなる物理的・技術的障壁，および財政的障壁の除去のために300を超す法案（最終的に282に整理統合された）を提出する，

③域内市場の完成に必要な提案を1985年から1992年までの間に設定した目標に従って採択し実施する，

というものであった。

さらに，この域内市場統合を実現するためにECの機構改革がおこなわれ，「単一欧州議定書 (European Single Act)」というかたちで「ローマ条約」の改正がおこなわれ1987年7月に発効した。その主要な改正点は，つぎのとおりである。

①第8条Aで「共同体は，……1992年12月31日に終る期間に域内市場を漸進的に確立するための措置をとる。域内市場は，……物，人，サービスおよび資本の自由な移動が確保された，域内に境界のない領域で構成される」と，域内市場統合の完成時期が条約上に明記された。

②従来，諮問機関的な役割しか与えられていなかったヨーロッパ議会（加盟国の国民の代表によって構成される）が，第145条で政策決定過程で意見をもとめられることになり，第149条で「絶対多数決によって閣僚理事会の共通の立場を否決できること」になった。また，欧州委員会の立場も政策の立案，閣僚理事会への提案，閣僚理事会のさだめる規則の実施権限の付与（第145条）という点で強化された。

③最高決定機関である閣僚理事会が従来の全会一致制から特定多数制に移行し，政策決定過程がきわめてスムーズなものとなった（第148条）。票数

は，ベルギー5，デンマーク3，西ドイツ10，ギリシャ5，スペイン8，フランス10，アイルランド3，イタリア10，ルクセンブルグ2，オランダ5，ポルトガル5，イギリス10であるが，「ローマ条約」にもとづいて，欧州委員会の提案について採決する場合は54票，そのほかの場合には，最低8カ国の賛成を含む54票が必要となった。

④経済・金融政策の強化が確認された。たとえば，第102条Aにヨーロッパ通貨制度（EMS）およびヨーロッパ通貨単位（ECU）が明記された。

かくして，1992年末にECの市場統合がおこなわれる法的前提が整ったのである。

域内統合白書が出されてしばらくはECの市場統合の動きも緩慢であったが，1980年代後半，とくに東欧での一連の自由化，「ベルリンの壁」の崩壊によるドイツ統一の展望が具体化するにつれて，ECの市場統合の動きも加速化された。それは，ドイツ統一が具体化するにつれて，強大なドイツの出現をおそれるヨーロッパ諸国が，市場統合を実現してドイツをその枠内にとどめておく必要があるという点で一致したことが最大の要因である。

3　通貨統合の実現

（1）通貨統合の意図

ヨーロッパは1958年にEECを結成して，その後関税同盟が完成し，78年には，通貨安定のシステムである欧州通貨制度（EMS）を創設し，92年にはヒト，モノ，カネ，サービスの移動の自由を認める市場統合をおこなった。

この市場統合を前提として，欧州通貨統合が1999年1月からおこなわれた。この通貨統合がヨーロッパの金融・証券市場にとって非常に重要な役割をはたした。というのは，これがあったがゆえに，従来，ドイツなど銀行中心の金融システムであったものが，徐々に証券市場をつうずるような金融システムに転換してきたと考えられるからである。

通貨統合のはたした重要な意味は，各国政府がこれを非常にうまく利用して

財政構造改革をおこなうだけでなく，経済構造改革，金融システム改革，企業再編，競争力強化をおこなうことができたことにある。とくに，21世紀にますます進展することになる少子・高齢化に対応できるようにするために，徹底した財政構造改革を断行できたことが重要である。

通貨統合の実施について合意するさい，ドイツ，フランス，イタリアなどの思惑がいろいろ絡んでいたが，結局，ユーロを強い安定した通貨にするために，ドイツ連邦銀行型の金融政策，すなわち通貨価値の擁護を大前提とする政策運営をおこなうことになった。その最大の誘因は，ドイツの脅威をおさえこむために，ヨーロッパ統合の枠組みに縛り付けておくことであった。

ドイツ・マルクを手放すことに抵抗していたドイツが，通貨統合を潰そうとして提案したドイツ型のきびしい財政規律の取り入れをヨーロッパ諸国が受け入れたのである。したがって，財政赤字をきびしく制限することになり，通貨統合への参加条件として，単年度の財政赤字の対GDP比が3％以内，政府債務残高のGDP比が60％以内というきわめて厳格な条件がつけられた。

その後，1992年・93年に欧州通貨制度（EMS）の危機が生じた。1992年にイギリスとイタリアが為替相場制度（ERM）から離脱し，93年には，為替変動幅がそれまでの±2.25％から±15％に広げられ，事実上の変動相場制に戻った。

EMSの危機後，通貨統合はしばし話題にものぼらなくなった。しかし，EU諸国の政府首脳は，1995年頃になると通貨統合の実現に向けて努力し，EUが協力していかなければ，通貨統合は未来永劫，日の目をみなくなってしまう危機感におそわれたと思われる。

そこで，EU諸国政府首脳は，通貨統合を「外圧」にして，財政構造改革を断行することの意味に気がついた。かくして，千載一遇のチャンスとばかり，ドイツ，フランス，さらにイタリアやスペインも，通貨統合に参加するために財政赤字の削減を断行した。もちろん，歳出の削減も大胆におこない，さまざまな無駄の排除，在外公館の縮小，さらにドイツだけでなくフランスでも国防費の削減などを実施した。軍事産業を基幹産業とするフランスが国防費の削減

をおこなったことは画期的なことであった。

　さらに重要なことは，財政構造改革で社会保障費，社会福祉関係費の出費を削減できたことである。

　ヨーロッパ諸国は総じて社会福祉水準が高く，さらにドイツあたりでは賃金水準が高いので，企業の国際競争力は非常に弱まってきていた。日本やアメリカの企業との熾烈な競争に勝ち抜いていくためには，企業の社会福祉負担を軽減し，賃金をなんとか抑制しなくてはならない。財政支出についても，社会福祉負担が非常に大きいため，これをなんとかしたい。ところが，平時にこれを「平和的」に実行することは不可能である。

　ヨーロッパでは労働組合が非常に強いし，ドイツあたりではビスマルク以来，まさに社会保障の伝統があるので，これを切り下げることなどなかなかできない。これを通貨統合という21世紀のヨーロッパのビジョンの実現のために仕方がないというかたちで提示した。それにたいして，労働組合もゼネストなどで対抗しようとしたが，結局，政府のそういう壮大なビジョンに負けてしまって，財政構造改革が遂行された。

（2）経済構造改革の遂行

　従来，ヨーロッパの企業はEU経済圏という事実上の「ブロック経済圏」のなかにいたので，競争力の点でいろいろ弱い面があった。それまでなんとかやってこれたが，グローバル時代にそれはつうじない。

　そこで，大通貨圏を構築することになった。通貨価値の擁護という観点からすれば，最初はドイツ，フランスとベネルクス三国，オーストリア程度の非常に少ない国だけで通貨統合をおこなったほうが，ドイツ連邦銀行などがイニシアティブをとれるので，物価の安定の下で経済成長をとげるという点では非常にやりやすいと思っていた。しかし，実際にふたをあけてみると，なんとイタリアもスペインもはいったし，2001年からはギリシャも参加した。

　これはよく考えてみると，非常に大きな単一通貨圏を作ることにより，アメリカに対抗していくことが可能になったという点できわめて重要である。アメ

表10-1 ユーロ圏の国際収支

(単位:10億ユーロ)

			1999年	2000年	2001年	2002年	2003年	2004年	2005年	2006年
経常収支			-5.8	-34.4	-16.8	64.4	32.4	60.8	-1.9	-6.1
	貿易収支		83.4	53.0	73.6	128.5	106.1	100.5	45.4	30.5
	サービス収支		-11.8	-15.9	-0.4	16.4	19.5	32.6	34.8	36.6
	所得収支		-32.4	-19.7	-38.6	-31.9	-37.2	-13.7	-11.6	1.8
	経常移転収支		-45.0	-51.8	-51.4	-48.6	-56.0	-58.6	-70.5	-75.0
資本収支			22.4	-6.2	-45.4	-31.5	-16.6	-14.5	19.6	146.8
	投資収支		8.9	-16.4	-52.0	-41.7	-29.5	-31.1	7.5	135.5
		直接投資	-120.6	-21.5	-112.4	0.6	-12.3	-68.6	-210.0	-156.7
		証券投資	-41.7	-136.4	67.9	127.8	74.9	72.9	146.1	273.1
		金融派生商品	8.1	-2.0	-0.9	-11.0	-13.0	-8.3	-13.9	-2.6
		他の投資	163.1	143.5	-6.6	-159.1	-79.1	-27.1	85.3	21.7
	その他資本収支		13.5	10.2	6.6	10.2	12.9	16.6	12.1	11.3
外貨準備増減			10.2	17.5	17.8	-2.3	28.2	12.5	18.0	-1.5
誤差脱漏			-26.8	22.9	44.3	-30.7	-44.1	-58.6	-35.8	-139.3

(出所) ECB, *Monthly Bulletin*.

リカのドルはいつか暴落するだろうけれども,それにたいするヘッジ通貨として,ドルに頼らない,あるいはヘッジ通貨としてのあたらしい通貨のために巨大経済圏が構築されたからである。国際収支の構造もアメリカとくらべものにならないくらい健全である(**表10-1**)。

それまでEU 12カ国で11の通貨が使われていたが,これがひとつになったことによって企業の競争が質的に変化した。すなわち,ひとつの国内市場と同じようなものになったからである。ここでは市場統合がなされているので,残るのは,通貨主権以外の国家主権(とくに財政主権)だけである。

そのなかで支配的な地位を確保するためには相当な企業再編,そして本来のリストラクチャリングもしなくてはならないということで,金融機関,とくに銀行などは相当の経営の効率化をおこなった。企業もM&Aを強烈に展開した。

第11章

ヨーロッパ経済の構造変化

1　EUの構造変化とゆくえ

（1）ドイツとフランスの国政選挙

　2007年5月におこなわれたフランスの大統領選挙で「大きな政府」との決別と「働けば稼げる社会」の実現を主張するサルコジ氏が大統領に当選した。それにさきだつこと約2年前，2005年の9月にドイツでおこなわれた総選挙でも，それまでの労働者・従業員と弱者に比較的優しい社会的市場経済原理の修正と，経済構造改革を主張するキリスト教民主・社会同盟（CDU・CSU）が僅差で勝利した。

　これまでEU（欧州連合）は，原構成国6カ国から50年かけて27カ国に拡大し，平和で真に豊かなヨーロッパの構築をめざしてきた。しかも，福祉をある程度充実させ，労働者・従業員も正規雇用が中心で，簡単には解雇できず，長期連続休暇も提供されてきた。経済運営のほとんどを競争原理にゆだねるのではなく，社会的公平性や公正さをたもつために，経済規制をおこなってきた。

　金融システムもマネーゲームを招来するまでに徹底的に自由化するということもなかった。

　このような経済システムが可能であったのは，EUという事実上の「ブロック経済」を形成したおかげで，日米などとの競争をある程度排除でき，加盟国が増えることで，市場が拡大し，経済が堅実に発展してきたからである。

　ところが，20世紀末から21世紀にかけて，金儲け万能のアメリカで新自由主義経済が全面開花すると，日本は，総選挙で国民に信を問うこともなく，経

済構造改革というかたちでアメリカ型の経済システムを強引に導入して，景気回復をはかろうとした。そうしなかったヨーロッパ諸国は，なかなか失業率が低下しないばかりか，経済も低迷しているとみられていた。

そこで，ドイツの総選挙，フランスの大統領選挙で，それまでの経済システムをアメリカ型新自由主義の方向へある程度誘導しようとする勢力が相次いで勝利した。国政選挙で国民に信を問うたというかぎりでは，経済構造改革というわけのわからない言葉をふりかざして，なし崩し的に経済システムをアメリカ型に転換した日本よりは，民主主義国家としてはるかにまともであるといえようが。

ドイツやフランスの国政選挙で国民が，アメリカ型新自由主義の方向へすすむことを選択したといっても，日本のように，金儲け万能の風潮の蔓延，金持ちの優遇，経済・地域格差拡大，福祉の徹底的切り下げと弱者切捨て，もの作りの軽視とマネーゲームの横行，企業・職業倫理の欠如，などということにはならないであろう。

フランスのサルコジ大統領は，当選後，大金持ちのヨットやアメリカにある豪華別荘で豪遊し，国民のきびしい批判にさらされた。くしくも新自由主義が金持ち優遇の経済システムだということをひとびとに知らしめた。そんなこともあって，大統領当選後，しばらくして，フランスでは，年金制度改悪に反発した大規模なストライキもおこなわれるようになった。

（２）EU 新基本条約の策定

2007 年 1 月，ルーマニアとブルガリアが EU に加盟し，EU はじつに 27 カ国にまで膨れ上がった。同年 1 月にスロベニアがユーロを導入し，ユーロ導入国（ユーロ圏）は 13 カ国に拡大した。

こうした EU の拡大にさきだって，3 年前の 2004 年 10 月 29 日，EU 拡大の成果をまとめる「EU 憲法条約」の調印式がローマでおこなわれた。

この「EU 憲法」の概要は，つぎのとおりであった。

①民主主義や人権擁護をすすめることで「多様性のなかの統一」を実現する。

②EU大統領職と外相職の創設により共通外交・安保政策を強化する。
③閣僚理事会の政策決定において加盟国の55％，EU総人口の65％以上の賛成を条件とする二重多数決方式による決定分野を拡大する。
④欧州委員の定数削減による政策決定の迅速化・効率化の推進，欧州議会の権限強化をおこなう。
⑤各国議会と市民にたいする一定の政策審査と法案制定の権利を付与する。

これが「憲法条約」の概要であるが，本条約は，EU加盟国すべての批准によって，2006年11月に発効することをめざすとされたが，05年5月29日にフランスで，6月1日にはオランダの国民投票で条約の批准が拒否された。その結果，「EU憲法条約」は，事実上廃案となっていた。

そうしたなかで，2007年6月，ブリュッセルで開催されたEU首脳会議で，「EU憲法条約」にかわる「新基本条約」を制定することが合意された。この条約によって，より効率的で，民主的なEUの運営がはかられることが期待されている。

「新基本条約」は，現行の基本条約である「ニース条約」の改正というかたちをとっているが，重要な部分は「憲法条約」を踏襲している。

EUを代表する欧州理事会常任議長（EU大統領）のポストが盛り込まれるが，EU外相のポストは，国家主権を重視するイギリスに配慮してEU上級代表とされた。外務省に相当する欧州対外活動庁が新設される。行政機関である欧州委員会の簡素化，各国から直接選挙で選出される欧州議会の権限強化もはかられる。

大国に有利という批判のある二重多数決方式の本格的適用は，2017年まで延期されることになった。司法・内務政策の共通化，人権規定をさだめた欧州基本権憲章の遵守義務化については，強硬に反対するイギリスに「適用除外」が認められた。

「新基本条約」は，2008年6月13日にアイルランドでおこなわれた国民投票で批准が拒否された。同条約のゆくえが注目される。

(3) EUの外延的拡大

　いままでEUは加盟国の拡大という外延的拡大，ユーロ導入（ユーロ圏の成立と導入国の増加）という質的発展をとげてきた。1999年にユーロが導入されると経済的に遅れたスペインやアイルランドがダイナミックな経済成長をとげた。2008年1月には，キプロスとマルタがユーロを導入した。

　EUに新規に加盟することにより，投資や観光客が増えることで経済も成長することが期待される。さまざまな経済援助もおこなわれる。他方で，きびしい加盟基準も課せられる。たとえば，きびしい安全基準によって，危険な原発が閉鎖に追い込まれることもあったし，騒音基準をみたさない航空機が使えなくなって，肥料や農薬散布にかかわる中小航空会社が閉鎖を余儀なくされたこともある。

　汚職や組織犯罪，人身売買などの対策や司法改革がすすまなければ，EUからの補助金が一時停止するなどの制裁が科せられることになる。

　したがって，EUの拡大というのは，相対的に遅れた国の市民の生活水準の向上，地球環境への配慮，汚職がなく安全な国作りなどにある程度貢献していると評価することができるであろう。

　ヨーロッパでも広がってきた経済・所得格差を是正すべく，弱者の社会参加をうながす「社会的包摂」をすすめることがEU首脳レベルにおいてすでに合意されている。イギリスでは，利潤を追求しつつ，とくに長期失業者や障害者を多く雇用するなどして，社会的貢献も重視する「社会的企業」という考え方が注目されている。

　「働かない」元凶とされるフランスの週35時間労働制も，一方では，ある程度効果をあげ，失業率が多少低下するのに寄与したといわれている。

　さらに，労働時間短縮で，女性へのワークシェアリングがすすんだことで，男女の育児分担もおこなわれるようになり，出生率の上昇にある程度貢献したといわれている。週35時間労働制というのは，たんに経済・経営という観点からではなく，少子・高齢化対策という社会政策的な観点からもみていく必要があると思われる。したがって，フランスの新政権も週35時間労働制の大原

則は維持しながら，35時間以上働くということも認めるという個人の自由な選択を広げるという方向にすすんでいるといえよう。

このようにみてくると，EU諸国は，失業率の引き下げと景気の拡大のために，日本の経済構造改革のように，アメリカ型の新自由主義的経済政策を積極的に導入するという方向にはすすんでいないということがわかるであろう。

ドイツにしても，フランスにしても，社会的市場経済原理や福祉国家的な理念を堅持しているからである。このようなことが可能なのは，EUというアメリカに匹敵する経済共同体，ユーロ圏というこれまた巨大な単一通貨圏を構築してきたからである。

EUは，平和で真に豊かなヨーロッパ実現のために，加盟国を拡大することにより，市場拡大型経済成長を達成し，その結果，EU「市民」の生活水準がある程度向上してきた。加盟国には，きびしい環境保全基準，安全基準を科している。これからも，平和で安全，地球環境に充分に配慮した真に豊かなヨーロッパ実現にむけまい進していくであろう。

われわれは，日本，中国，インドなどをはじめアジア諸国を構成国とするアジア共同体の結成にまい進する必要がある。とりわけ，アジア諸国の経済成長を地球環境に充分に配慮したうえですすめなければならないし，庶民の生活水準の向上をはからなければならないからである。その点でEUの統合のいい面というのは，われわれが大いに取り入れる必要があるのではなかろうか。

ここで，EUの経済構造変化にいかに対応するべきかということが鋭く問われたふたつの国政選挙をくわしくみてみることにしよう。

2　ドイツの総選挙

（1）総選挙の争点

2005年9月18日，ドイツで総選挙がおこなわれた。くしくも，日本で郵政民営化の是非を問うとして，衆議院が解散され，わけもわからないうちに総選挙がおこなわれた1週間後のことであった。じつは，この日独の総選挙に，彼

我における民主主義の成熟度が集約されていた。

　ドイツは，第二次世界大戦後，社会的市場経済という経済理念にもとづく経済政策運営をおこなってきた。それは，経済システムに徹底的な競争原理を導入しながら，競争によって生ずる経済格差など，公平性が損なわれたり，公正さが失われないように，国家が経済に介入するというものである。

　具体的には，地球環境保全，良好な住環境のための私権の制限，物価の安定，競争制限の防止，経済・地域格差の縮小，福祉の充実，庶民のための住宅政策，マネーゲームの排除，労働者・従業員の労働条件の向上と経営参加，「会社は皆のもの」なのであって株主だけの利益追求を拒否，いいもの作り国家の推奨，などなどである。

　このような経済運営は，アメリカにおける新自由主義の考え方からいうと「大きな政府」，「結果の平等」，「努力しても報われない」非効率的なものだということになるだろう。事実，因果関係はともかくとして，景気が低迷し，失業率も10％程度と高止まったままであった。

　ただ，景気が低迷している大きな要因のひとつは，そもそも社会的市場経済原理にもとづいた経済政策運営というものが，社会的公平性と公正さの実現を大目標においているので，ダイナミックな経済成長を最初から期待していないということにあるように思われる。

　もうひとつは，現代資本主義「発展」の大前提である大量生産・大量消費という現状のアメリカのような経済観念を断固として拒否していることにある。

　ドイツ人の「ケチ」は有名である。丈夫でいいものを作るのがドイツの職人気質であるが，ドイツ人は，ものを大事にし，壊れたら修理して使う。だから，日本のように部品をすぐ製造中止にするということはなく，ドイツ企業は，何年・何十年たっても部品を提供する。自動車だって中古市場で部品を買って修理して長く乗る。これでは，経済がダイナミックに成長するはずがない。

　ドイツ政府は，地球環境の保全，ドイツだけでなくヨーロッパの労働者・従業員や庶民に目配りしながら，いいもの作りをおこない，着実な経済成長を実現することに腐心してきた。しかしながら，低い経済成長率と失業率の高止ま

りを克服することはむずかしいことであった。

とりわけ，金儲け万能の新自由主義全盛のアメリカでは，20世紀末から21世紀にかけて景気も株価も絶好調であった。それは，外国から資金を引き付けたりして無理やり株価を上げるとか，低所得者層にも強引に住宅ローンを貸し付けて，需要を喚起し，住宅価格を引き上げることで，国民に過剰消費を強いた結果であった。

21世紀早々にネットバブルが崩壊し，いままた低所得者層への無理な貸付が焦げ付き，サブプライムローン危機が国際金融市場を震撼させている。

（2）総選挙の帰結

ところがドイツ総選挙当時の社民党政権は，社会的市場経済原理の修正によって，景気の低迷を打破しようとして，2003年から社会保障制度の改革，すなわち社会福祉の切り下げをおこなってきた。

さらに，たとえば，長期失業者への手当の減額，解雇規定を緩和して対象企業を従業員5人以下から10人以下に広げ，零細企業が人員整理しやすいようにしたり，ドイツのもの作りの高い質を担保してきたマイスター制度が改変され，この資格がなくても開業できる業種が拡大された。

もちろん，福祉の切り下げや労働条件の引き下げなどで反発が強まってくると，高額所得者への所得税の上乗せなどで社会的公平さを重視する姿勢はみせていた。原発の段階的廃止も決定した。

したがって，2005年9月18日の総選挙というのは，それまでの社会的市場経済原理にもとづく経済政策運営の大きな枠組みを残しながら，改革をさらにすすめていくのか，あるいは，経済成長，失業率の引き下げ，財政赤字の削減などのために，アメリカ型の新自由主義を取り入れた経済政策運営に大転換するかが鋭く問われる国政選挙となったのである。

与党社民党は，解雇については，労使の合意が基本，付加価値税の据え置き，富裕層の所得税の引き上げ，幼稚園の経費削減，託児所や保育園の増設，原発廃止と代替エネルギーの普及促進，などを主張し，野党CDU・CSUは，雇用

保険料の企業負担の引き下げと解雇規制の緩和，税制の簡素化，付加価値税の引き上げ，所得税最高税率と法人税の引き下げ，新生児の親への年金負担の軽減，原発の長期的利用の検討，などを主張した。

与党社民党は，政権を獲得して以来，福祉削減や労働市場改革などをすすめてきたが，労働者・庶民からみれば，企業寄りの政策をすすめてきたという批判が根強かった。だから，社民党は，総選挙にあたって社会的公平さを主張したものの，事前の世論調査では，CDU・CSUが大勝利するという意見が圧倒的であった。

とはいえ，社会的市場経済原理の大枠は残すという点では両党は一致していたので，経済政策に大きな差異はなく，あるとすれば，社民党がイラク戦争反対とトルコのEU加盟の承認，CDU・CSUがアメリカとの同盟関係の強化とイスラム教国であるトルコのEU加盟には慎重というくらいであった。

ところが，9月18日の選挙結果は，CDU・CSU圧勝という事前の予想と大きく異なるものであった。社民党をわずか4議席上回ったにすぎなかったからである。旧東ドイツの社会主義統一党（共産党）の流れをくむ民主社会主義党を前身とする左派党が，前回総選挙で獲得した2議席から54議席と大躍進をはたした。左派党は，「貧富の格差を広げるな」という主張をして，社民党とCDU・CSUという二大政党批判で国民の大きな支持をえたのである。

総選挙の結果，過半数の議席を制した政党がなかった。二大政党は，自民党，左派党，90年連合・緑の党との連立を拒否された。結局，政権協議がおこなわれて，11月に社民党とCDU・CSUの大連立政権が成立した。CDU・CSUといえども，ドイツの経済政策理念である社会的市場経済原理を完全に放棄することはできない。

社民党とCDU・CSUの違いは，社会的市場経済原理を前提にして，失業率を引き下げるために新自由主義的な経済政策をある程度導入するかどうかであった。

左派党の躍進は，「貧富の差を広げるな」とか，ドイツ国防軍のアフガニスタンからの撤退などを訴えた結果であり，かなりのドイツ国民が左派党の主張

に期待した結果なのであろう。環境保護を訴えてきた90年連合・緑の党も51議席を確保した。このことは，国民の反戦平和，経済格差の縮小，弱者救済，環境保全への関心の高まりを顕著にあらわすものであろう。

したがって，大連立政権は，失業率を低下させるための経済構造改革ということで，大企業に対する露骨な優遇，めちゃくちゃな競争原理の導入による経済格差の拡大，財政赤字削減のために福祉切り捨て，財政の無駄を削らずに庶民に痛みだけを強いることはできないだろう。日本のように，国民の審判をあおぐということもなく，露骨な大企業優遇，金儲け万能主義，庶民へのしわよせ，経済・地域格差の絶望的拡大などが，国民の知らぬ間におこなわれるなどは，とうてい，まともな民主主義国家とはいえない。

その点では，ドイツ国民の9月18日の総選挙結果というのは，民主主義のある程度の成熟度をしめしたものであるといえよう。

3　フランスの大統領選挙

（1）大統領選挙の争点

フランス経済の大きな特徴のひとつとしてあげられるのは，解雇しにくい雇用制度と労働時間の短縮（週35時間労働制）がある。労働者・従業員が人間らしい生活をし，安心して働くためのシステムであるが，他方で，企業からすれば，コスト増の要因で，企業収益を圧迫する。

有能な経営者であれば，徹底的な経営努力によって，企業収益を引き上げようとする。企業収益を高める大前提は，労働者が会社のために一生懸命に働いてくれることであって，そのようにするための経営をおこなうだろう。

ところが，不要な労働者や利益に貢献しない従業員を情け容赦なく解雇して，企業収益を増加させ，株主に奉仕する新自由主義的経済政策をとるアメリカ経済が絶好調をむかえると，フランスでは，2005年には，従業員20人以下の小企業向けに，新規採用後2年間は解雇理由を説明することなく解雇できる新規雇用契約が創設された。人員整理を簡単におこなえるようにして，企業の採用

意欲を高め，失業率を引き下げることを目的とするものであった。

　さらに，2006年1月16日になると，従業員20人以上の企業が26歳未満の若者と雇用契約を締結するのにさいして，新規採用してから2年間は，試用期間として理由をしめさずに解雇できるという若者向け雇用制度が，ドビルパン首相（当時）により突如として発表された。この制度は，企業の雇用意欲を高めて，若年失業率を低下させることを目的とするものであるとされた。

　しかしながら，まず，理由なく解雇できるというこの制度に学生が猛反発し，全国的規模での抗議デモを展開した。

　そして，デモの嵐がひろがり，主催者発表で100万人デモがおこなわれたにもかかわらず，その2日後の3月9日，政府は，この初期雇用契約を盛り込んだ「新雇用機会均等法案」を下院での審議をはぶくことができるという「憲法」上の規定を悪用して，適用し，なんと強行採決によって法案を可決してしまった。かくして，新雇用制度にたいする反発は，国民的な規模にまで達した。連日，デモ隊が街中にあふれ，ゼネストの様相を呈していった。

　3月末におこなわれたデモ隊が300万人規模にまで膨れ上がると，シラク大統領（当時）は，同法案の修正を約束した。しかしながら，そんなことで，デモの嵐がおさまるはずもなかった。結局，4月10日に首相は，とうとう同制度の撤回を発表した。強引であったとしてもいちおう国会で合法的に成立した法律が，国民的なデモによってひっくり返されたのである。国家の横暴を庶民が打ちくだくというフランス革命の伝統は，まだ健在であった。

　とはいえ，22％を超える深刻な若者の失業をはじめとする雇用問題，硬直化したといわれる雇用と週35時間労働制，不法移民への対処，景気の低迷，グローバル化する企業競争などに，どう対応したらいいかということは，依然として深刻な問題として横たわっていたのである。

　この国家の基本戦略にかかわる問題が，2007年5月におこなわれた大統領選挙での最大の争点となった。

（2）大統領選挙の帰結

　与党・民衆運動連合のサルコジ候補は，「大きな政府との決別」，「もっと働けば，もっと稼げる社会」，「勤労モラルの復権」，「国を愛す」などのスローガンをかかげてたたかった。野党・社会党のロワイヤル候補は，職業訓練の拡充，若者の就職支援などをはじめ社会的なセーフティネットを充実したうえでの市場競争，弱者救済をはじめとする福祉国家の維持，国民から提案を募る参加型民主主義の提案や地方分権などをかかげた。

　5月8日の決選投票でサルコジ候補が53.06％，ロワイヤル候補が46.94％を得票し，サルコジ候補が大統領に当選した。フランス国民は，従来のような労働者・従業員や弱者に優しいシステムではなく，アメリカ型の新自由主義的な経済運営を選択したということになるだろう。

　サルコジ大統領は，いわゆる構造改革をおこなってきた。たとえば，いったん雇用したら解雇しにくい制度の改革，週35時間を超える残業分の所得税や社会保障負担を免除し，残業をしやすくした。高額所得者に重い所得税や相続税負担が軽減されつつある。フランスにとって必要な職種にだけ移民を受け入れ，移民が家族をよびよせる条件がきびしくされるだろう。

　さらに，ユーロ高が国内産業の競争力の阻害になっているとして，欧州中央銀行に金融政策の変更をせまった。しかしながら，金融政策への政治的圧力というのは禁じ手なので，さすがに多くのEU加盟国の財務大臣からたしなめられた。物価の安定を担保するために，中央銀行の政府からの独立性の確保というのは，現代では常識なのに，欧州中央銀行に圧力をかけるなどお粗末きわまりない大統領といわざるをえない。

　フランス国民が，大統領選挙で従来のような「大きな政府」と決別し，「より働けば，より稼げる社会」の実現を選択したことは事実である。

　しかし，従来の「福祉国家型」経済システムをアメリカ型新自由主義に転換させることは簡単にはできないだろう。日本の経済構造改革の帰結がそうであったように，大企業や金持ちを優遇し，労働者・従業員，庶民だけに痛みをおしつけて，経済を活性化し，失業問題を解決しようとするものだからである。

失業問題の解決といっても，日本のように，労働コストを引き下げることができるように，派遣，パート・アルバイトなど非正規雇用が増えただけということになってしまうであろう。

　大統領みずからが大金持ちから「利益供与」を受けるようでは，労働者・従業員，庶民の信任などえられるはずもない。

　だから，たとえば，2007 年 10 月，国鉄や電力公社などの公共サービス部門について，勤続 37.5 年を受給資格としている現行制度を，2012 年までに民間なみに 40 年とする年金改革に反対して，大規模な交通ストライキがおこなわれた。

　大規模なストライキがおこなわれたのは，年金改革もさることながら，企業への優遇税制によって労働者の残業を容易にするなど，従来の労働慣行を大きくくずすとか，移民が家族をよびよせるときに，家族であることを証明するため，DNA 鑑定をおこなう制度を導入することなどが批判されたからであろう。DNA 鑑定など人権侵害だろう。

　企業優遇の政策を実行する大統領が，大金持ちから利益供与を受けたのでは，国民に痛みを強いても無理があろう。フランスが，ふたたび従来のような「大きな政府」に復帰するということはないだろうが，労働者・従業員，庶民，弱者に比較的優しい社会に戻ることは間違いないと思われる。

第12章

EUの金融システム改革

1　金融市場統合と欧州中央銀行

（1）金融市場統合の進展

　EUの設立条約である「ローマ条約」では，統合市場の実現に向けて，資本移動の自由化がかかげられており，その実現のために，1960年に「資本移動の第一次自由化指令」，62年に「第二次自由化指令」が制定された。

　1985年には，市場統合を実現するための「域内統合白書」が出された。「域内市場白書」を受けて，86年に資本移動の「第三次自由化指令」が，89年には，「第四次自由化指令」が出され，90年7月に，EU域内での資本移動が自由化された。

　この資本移動の自由化を前提にして，1992年末までに「人，財，資金，サービス」の自由化をはかろうというのが，域内市場統合であった。

　金融業務統合のため1977年12月に「第一次銀行指令」が出された。同指令は，公衆から預金などを受け入れ，自己勘定で貸し出すことを業務とする金融機関を対象とするもので，金融機関に関して共同市場を形成するための第一のステップとなるものであった。

　1989年12月に出された「第二次銀行指令」の主要な内容は，つぎのとおりである。

　①EU域内の銀行は，最低資本金（Initial capital）として500万ECUをもたなければならない。

　②EU単一銀行免許制が導入された。すなわち，EU域内国において免許を

取得した銀行は，域内の他の国に支店を設立しようとする場合，その国であらたに免許を取得する必要がない。銀行業務にたいする監督責任は，銀行免許を与えた加盟国がもっている。

③「指令案」の段階では，域外国の法律で監督されている銀行がEU域内に子会社を設立する場合には，EU全体との相互主義が基準となるとされていたが，EU諸国の銀行が進出先において，内国民待遇を受けているかどうかということに変更された。

④EU内の銀行は，ユニバーサル・バンキングが可能となった。すなわち，預金の受入れ，貸付，リース，証券発行・引受け業務，証券ブローカー業務，投資顧問，証券の保管，などの業務をおこなうことができる。

そのほか，銀行業の分野では，許認可，自己資本，監督・監査，顧客保護に関する指令などが採択され，1993年1月1日から銀行サービスの自由化がほぼ開始された。

保険業の自由化は，1973年7月の「損害保険第一次指令（設立自由化）」，79年3月の「生命保険第一次指令（設立自由化）」，88年6月の「損害保険第二次指令（サービス提供自由化）」，90年11月の「生命保険第二次指令（サービス提供自由化）」，そして，92年6月の損害保険，11月の生命保険の「第三次指令」によって推進された。

生命保険に関する第一次・第二次・第三次指令の三つの指令は，2002年11月に統合されて「生命保険統合指令」となった。三つの指令は，04年6月に廃止された。

証券取引の指令は「投資サービス指令（証券分野における投資サービスに関する1993年5月10日の理事会指令）」で，1996年1月に施行された。同指令は，投資サービス業者の定義，単一免許制，域外国機関の域内への支店の設置，健全性の観点からの本国の監督，単一免許制，サービス提供の手続き，営業可能な証券業務などを規定していた。

2004年4月27日に，「投資サービス指令」の大改正がおこなわれた。世界的な証券取引所の再編がすすむなかで，EUにおいては，1993年に制定された

証券市場に関する基本指令である「投資サービス指令」が，2004年に大改正されて「金融商品市場指令（MiFID）」に衣替えした。

(2) 欧州中央銀行制度

ユーロ圏（ユーロ導入国）の中央銀行である欧州中央銀行制度は，欧州中央銀行（ECB）とEUのすべての加盟国中央銀行によって構成されている。

しかし，デンマーク，スウェーデン，イギリスの中央銀行は欧州中央銀行制度の構成員ではあるものの，通貨統合に参加していないので，通貨統合参加国で構成されるユーロ圏の金融政策の策定・実施に参加できない。そこで，実際に欧州中央銀行と通貨統合参加国中央銀行がユーロ圏内で欧州中央銀行制度の業務を実施する体制がユーロシステム（Eurosystem）とよばれている。

欧州中央銀行制度の主要な目的は，物価の安定であると規定されている。そのために，行政機関からの干渉を排除する高い独立性が付与されている。ユーロ圏における銀行券発行を認可する権利は欧州中央銀行のみが有しており，その基本的な業務は，

①ユーロ圏の金融政策の定義づけと実施，

②外国為替オペレーションの実施，

③加盟国の公的外貨準備の保有・管理，

④決済システムの円滑な運営の推進，

などである。

単一金融政策の準備・策定・実施に責任をもっているのは，政策委員会（Governing Council）と役員会（Executive Board）である。政策委員会は，役員会の6名のメンバーと15名の通貨統合加盟中央銀行総裁で構成されている。

その責務は，ユーロシステムに委任された業務を確実に実施するために必要なガイドラインの設定，ユーロ圏の金融政策の策定である。役員会は，欧州中央銀行総裁，副総裁，およびその他のメンバーで構成され，政策委員会のさだめたガイドラインと決定に従って金融政策を実施する。

ここで，重要なことは，外国為替政策の意思決定は，ECOFIN（経済相・財

務相閣僚理事会）と欧州中央銀行の共同責任であるとみなされていることである。条約では，単一金融政策と外国為替政策の双方の目的は物価の安定であると規定されており，外国為替政策の決定においては，物価の安定の目的を損ねないことがもとめられている。

2　金融自由化の諸施策

(1) 金融サービス行動計画

　域内市場統合が，1993年に開始されたが，その後の金融・証券市場統合の状況を総括する欧州委員会の報告書「単一市場レビュー」が97年に公表された。この報告書の主旨は，域内市場統合の成果が十分にあらわれていないというものであった。とりわけ，統一された単一市場が実現しておらず，国を超えた顧客と金融機関の取引が円滑におこなわれていないということが強調された。

　この報告書は，域内市場統合をより進展させるということと，1999年1月から開始されるユーロ導入をにらんで，金融機関の国際競争力の強化と投資家・預金者・保険加入者などの顧客保護の法制を強化するために作成された。同報告にもとづいて，1999年5月に欧州委員会は「金融サービス行動計画」を策定した。

　その概要は，つぎのように，単一EUホールセール市場，オープンで安全なリテール市場，健全性規則と監督体制の整備，貯蓄課税などの最適な単一金融市場形成のための諸条件の整備などであるが，それぞれの項目ごとに優先度と実施期限がさだめられた。

　単一EUホールセール市場については，
　①企業の資金調達機会の拡大，
　②投資家や金融業者の市場参加の拡大，
　③投資サービス業者のクロスボーダー取引機会の拡大，
　④資産運用企業の運用機会拡大のための法整備と監督体制の確立，
　⑤証券取引と決済においてリスク回避のための法整備，

などがある。

オープンで安全なリテール市場については，
①顧客への情報提供と顧客保護の徹底による市場参加の促進，
②国境を越えた取引の障害の除去，
③各国間の法的障害を除去することによるリテール市場の活性化，
④あらたな販売網構築と非対面取引拡大のための法的枠組みの整備，
⑤国境を越えた低コストによる安全で効率的な支払いシステムの構築，
などがある。

健全性規則と監督体制の構築については，
①あらたなビジネス拡大とグローバル化の進展により生じている監督体制の不備の是正，
②激化する銀行間競争にそくした強力で適正な基準の設定，
③市場構造が変化し，グローバル化が進展するなかで，持続的な健全性と信頼を確保する監督体制の確立，
④金融市場の拡大のため，規制・監督の齟齬の是正，
⑤金融コングロマリットなどを含めた規制・監督ルールの構築，
などである。

貯蓄課税などの税制については，
①貯蓄利子課税，金融商品への課税，クロスボーダーの職域年金への課税などの税制の統一，
②効率的で透明なコーポレートガバナンスの遂行のための環境整備，
などである。

(2) ラムファルシー報告

2000年3月にリスボンで開催されたEU特別首脳会議において，進展するIT化のなかで効率的で透明性の高い証券市場を形成することの重要性が強調された。この首脳会議の提起を受けて，2000年6月に開催された経済相・財務相理事会（ECOFIN）において，欧州中央銀行の前身であった欧州通貨機関のラ

ムファルシー元総裁を座長とする「ヨーロッパ証券市場の規制に関する賢人委員会（ラムファルシー委員会）」が創設された。同委員会は，2001年2月に最終報告書を公表した。

ラムファルシー委員会は，EUがその諸目標を達成し，金融サービス行動計画を実施するためには規制改革が必要であるとしている。そのために，
　①立法までのスピードアップ，
　②柔軟性の向上，
　③明確なるEU金融規制の制定，
　④核心的かつ本質的規制と柔軟で変更可能な規制との峻別，
などが必要とされた。

同委員会は実施すべき優先課題として，
　①域内単一目論見書，
　②上場要件の見直し，
　③本国監督原則のホールセール市場への適用，
　④投資信託・年金基金の投資ルール見直し・拡大，
　⑤国際会計基準の適用，規制市場と認められた証券取引所への本国監督原則にもとづく単一免許（いわゆるヨーロッパ・パス）交付，
などである。

（3）金融サービス白書

こうした金融市場の統合が進展するなかで，金融行政をどのようにおこなっていったらいいかということが問われていた。そこで，EUは，2005年12月に「EU金融サービス白書（2005年-2010年）」を出した（岩田健治「EUの新しい金融サービス政策とEUから見た取引所再編」『証券レビュー』第46巻第11号，2006年11月，参照）。同白書には，つぎの四つの目標がかかげられている。
　①金融サービスの統合が強化され，開かれ，包括的，競争的，経済的，効率的な金融市場を構築していく。
　②域内市場統合やその後の金融自由化によって多くの規制が撤廃されたが，

残された障壁を撤廃する。そのことによって，EUが全体として最小のコストで金融サービスが提供されるとともに，健全性規制や業務行為規則などが完備された効率的で安定した金融市場を作り上げることができる。
③1999年5月に出された「金融サービス行動計画」でさだめられた42のEU規制を各国の国内法化していくということをはじめとする，EU法の実施と評価，よりよい規制をすすめていく。
④各国の金融監督当局との協調と関係の強化，EUのグローバルな影響力を強化する。

EUは，こうした目標に従って，2005年から10年までの5年間に金融サービス政策をすすめていくことになった。

3　金融・証券市場の自由化

(1) 証券市場の改革

金融サービス行動計画とラムファルシー委員会報告にもとづいて，EUは，2005年までに，汎ヨーロッパ株式市場を創設する方向で動き出した。そこで，01年6月には，欧州委員会は，証券市場規制に関する諮問機関として欧州証券委員会とヨーロッパの市場ルール作りを担当する欧州証券規制機関委員会を設置し，証券取引の規制・監督を強化してきた。

2002年7月には，「国際会計基準に関する規則」が制定された。この規則にもとづいて，05年には，国際会計基準と国際財務報告基準による連結決算が義務付けられたが，欧州証券規制機関委員会は03年10月に，04年から同基準にもとづく決算を前倒しでおこなうべきであるという提言を発表した。

金融・証券市場の拡大と市場の信頼性を高めるために，2003年1月に「市場阻害行為指令」が採択された。この指令は，従来の内部者取引と相場操縦の双方に対応した統合的な規制である。

2003年7月には，「目論見書指令」が採択され，企業が証券市場で資金を調達するさいに各国の煩雑な届け出が不要になる単一目論見書の導入がきめられ

た。単一目論見書が導入されたので，たとえば，フランス企業が自国の監督当局に資金調達を届け出るだけでドイツやイギリスなどの投資家から資金を募ることができるようになった。

2003年10月には，財務相理事会は，国境を越える株式取引を活発化させるのを妨げていた株式取引の取引所集中原則を撤廃することで合意した。この撤廃によって，証券会社は，EU各国の株式売買を証券取引所の外部で自由に仲介できるようになった。

2004年4月に「投資サービス指令」を改正した「金融商品市場指令」，5月に「透明性指令」が採択された。「透明性指令」によって，EU各国で異なっていた上場企業の企業情報の開示，公表の時期などが統一された。

このように金融・証券市場の自由化の指令のほかに，企業買収についての指令やヨーロッパ会社法も採択されている。2004年3月に「公開買い付け（TOB）に関する指令（企業買収指令）」が採択された。

「企業買収指令」は，対象会社が株主の承認をえずに，防衛手段を講ずることを禁ずる条項，株式や議決権に関する取り決めによる対象会社の防波堤を公開買い付け者が突破することにより，対象会社の完全な支配権の獲得を認める条項について，加盟国の判断によるオプト・アウト，すなわちこれらの条項を国内において適用しない自由を認めている。

2004年10月には，「ヨーロッパ会社法」が施行された。同法は，EU加盟各国の会社法ではなく，EU法にもとづいて設立される超国家的会社法である。そのため，既存の会社だけが発起人になることができるという点で一般の会社の設立と違っている。ヨーロッパ会社は，

　①合併による方式，
　②持株会社による方式，
　③共同子会社による方式，
　④組織変更による方式，

によって設立されるので，会社設立というよりも，企業の組織再編というほうがより正確である。

EUの金融システムの発展にとって，いかに金融機関のM&Aを活発化させていくか，さらに，従来，EU加盟各国がきびしく対応してきたヘッジファンドへの規制にたいして，警告が発せられている。

　2006年9月には，欧州委員会は，域内における金融機関のクロスボーダーM&Aを促進することをめざす指令案が出された（大崎貞和「域内の金融機関統合を促すEU委員会」『資本市場クォータリー』2006 Autumn，参照）。

　従来，EU加盟各国は，外国の金融機関による自国の金融機関のM&Aを「健全で慎重な経営の確保」の観点から適当でないと判断すれば，M&Aの通知から3カ月以内に異議を唱えることができた。それでは，金融機関の再編がすすまないので，同指令案は，金融機関の母国の監督当局の介入を限定するものである。

　金融機関の議決権または資本の一定比率以上を取得しようとするものは，当該金融機関の母国の監督当局に通知しなければならないが，当局は，2営業日以内に通知を受理したことを確認し，その後，30営業日以内に取得を認めるかどうか決定しなければならない。

　取得の審査には，
①議決権または資本の一定比率以上を取得しようとするものの評判，
②取得後に被買収金融機関の経営に携わるものの評判と経験，
③取得しようとするものの財務面の健全性，
④被買収金融機関が法令を引き続き遵守できるかどうか，
⑤当該M&Aによってマネー・ロンダリングやテロリストの資金調達がおこなわれると疑う合理的根拠があるか，またはそのリスクが高まるかどうか，
などの諸要素が検討される。

　買収を仕掛けられた金融機関の母国の監督当局は，この五つの要素に照らして問題があると判断したときに，通知された議決権または資本の取得を拒否することができる。その点では，「健全で慎重な経営の確保」という基準にくらべて，監督当局の裁量の余地は限定されることになる。金融機関のクロスボーダーのM&Aが活発化していくことが期待される。

(2) ヘッジファンド規制の提案

　昨今，国際金融市場において，借り入れなどによりレバレッジをかけて高い収益性を追求するヘッジファンドの規模が拡大してきている。ヘッジファンドの行動は，たしかに金融・証券市場の攪乱要因になることもけっして少なくはないが，市場の流動性を高めることなどのメリットもあるので，ヨーロッパの金融・証券市場の発展にとって，ヘッジファンドへの過度の規制はマイナスである（堀江貞之「ヘッジファンドを巡る最近の規制環境の変化」『月刊　資本市場』2007年3月，参照）。

　ここで，ヨーロッパの当局の動向をみてみよう。2006年7月に欧州委員会は，ヘッジファンド規制に関するレポートを公表した。その概要は，つぎのとおりである。

①ヘッジファンドは，従来の資産クラスと異なるリスク・リターン特性をもち，富裕層だけでなく，年金・金融機関を含む機関投資家，個人投資家にも価値ある投資対象であり，ヨーロッパの金融システムをになう重要な柱になる可能性がある。

②ヘッジファンド運用の自由度の確保は，投資家の利益にかない，運用マネージャーや提供商品にたいする過度の規制は避けるべきである。

③個人投資家への販売規制は，投資家の最低投資可能額を設けたうえで，投資家のレベルに応じて，販売会社にたいする適切なビジネス規範を設定することで実視すべきである。

④銀行や保険会社がヘッジファンドに投資するさいに課せられる資本ウェイト計算は，ヘッジファンドの実態を反映した方法を検討したうえで実施すべきである。

⑤アメリカとヨーロッパのヘッジファンド・マネージャーの登録制度は，互恵条項を適用し，ヨーロッパとアメリカの規制監督当局間で調整すべきである。

⑥ヘッジファンドがグローバルな投資機会をねらって運用をおこなっている点を考慮して，アドミニストレーター，プライムブローカーなどの機能を

活用した監視を重視し，国別の個別規制を回避すべきである。

こうして，欧州委員会は，各国の投資家が自由に外国のヘッジファンドに投資できるように，サービス提供者が環境や自主ルールを整え，不必要な規制を取り除く努力が必要であると提言している。

2006年12月には，欧州中央銀行がレポートを公表した。ここでは，ヘッジファンドのポジションデータを資産タイプ，格付け，為替別などさまざまなカテゴリーで集約した一元的なデータベースを第三者のサービス提供者が構築する方法を提案している。個別データではなく，集約したデータベースを公開することで，ポジションの集中度など，システミック・リスクの大きさをおしはかることができることが期待されている。

第13章

金融コングロマリット指令

1　銀行・証券と保険業の融合

（1）金融コングロマリット化の進展

　ドイツの金融システムは，銀行が本体で銀行業務と証券業務を兼営し，顧客にたいして幅広い金融サービスを提供できるユニバーサル・バンク・システムである。このユニバーサル・バンクが1980年代から90年代にかけて，子会社をつうじて，あるいは提携によって生命保険業務にも参入するという動きが活発化してきた。これが，いわゆるアルフィナンツ（フランスではバンカシュランス）とよばれるものである。

　日本の銀行・証券分離体制の雛形となったアメリカでも，銀行・証券分離制度が改正され，銀行による証券業務や保険業務への参入がすすんできている。

　日本では，平成大不況が深刻化するなかで，銀行は，徹底的な不良債権処理をおこなってきた。2005年3月期決算では，メガバンクの不良債権問題にほぼめどがつき，ついに邦銀が復活し，日本経済の成長に大きく貢献することができるようになった。

　メガバンクは，平成大不況のなかで，金融持株会社による事業再編をすすめてきた。メガバンクは，投資信託の販売，資産運用サービスの強化，株式仲介業務への参入などを手掛けるともに，生命保険業務にも参入して，総合的金融サービス機関に脱皮しようとしている。

　たとえば，三井住友銀行と大和証券の経営統合への動きにもみられるように，金融持株会社をつうじて，銀行・証券・保険という幅広い金融サービスを提供

する金融コングロマリットとして，生まれ変わろうとしている。この動きが今後，ますます加速していくことは間違いない。

　日本における金融システム改革の議論は，これからの日本が金融コングロマリット化をさらに推進していくべきか，あるいは，銀行・証券・保険という業務をそれぞれ別々の専門の機関がおこなったらいいのかというところにある。この場合の基本は，金融システムの健全な発展と顧客の利便性という観点から金融サービスを拡大していく必要があるということである。

（2）金融コングロマリット規制の必要性

　ドイツのユニバーサル・バンクは，個人顧客だけでなく企業にたいしても幅広い金融商品・サービスを提供するという文字どおり総合金融サービス機関として活躍している。しかしながら，必ずしもユニバーサル・バンクが生命保険会社を子会社にするという必要はなくなってきているようである。要は，銀行の窓口で生命保険も販売できればいいだけのことだからである。

　ユニバーサル・バンクの特徴というのは，企業の資金調達のすべてに関与できるし，投資家にあらゆる金融商品を提供できるので，経済や企業，金融市場においてきわめて大きな力をもっていることにある。その結果，競争原理があまりはたらかず，企業，個人投資家や預金者などの顧客の金融取引コストが低下しない。また，あらゆる金融サービスを提供できるということは，逆にいえば，広く浅くしか金融サービスを提供できないということでもある。

　したがって，じつは，ドイツのユニバーサル・バンクというのは銀行なので，実質的には，銀行業務を優先し，証券業務というのはそれほど国際競争力のあるものではなかったといわれている。

　ヨーロッパでユニバーサル・バンクは，銀行・証券・保険という三つの異なった金融業務をおこなうが，ドイツではアルフィナンツ，フランスではバンカシュランスといわれてきた。そのうちふたつ以上を手掛ける金融機関が金融コングロマリットとよばれるようになってきた。

　金融コングロマリットは，アルフィナンツと同じような概念であるが，銀

行・証券・保険のうちふたつ以上ということなので，銀行・証券を兼営するユニバーサル・バンク特有の問題が生ずることもある。

さらに，質の異なる業務を手掛けることによって，金融機関の経営の健全性の確保がなされなくなる可能性が出てくる。たとえば，銀行業務と保険業務では健全性の指標はかなり異なっているからである。この両業務を兼営することで経営のシナジー効果が発揮されるが，逆にリスクが高まる可能性がある。

そこで金融コングロマリットの経営の健全性をいかに確保させるか，それをどのように計測するかということで，ヨーロッパで「金融コングロマリット指令」が出された。投資家保護・預金者保護というのは金融自由化の大前提なので，監督当局は，金融機関の健全性をつねにモニタリングし，危険信号がともったら直ちに経営改善命令を出して是正させることが不可欠だからである。

2　金融コングロマリット指令の目的と定義

(1) 指令制定の目的

「金融コングロマリット指令」の正式名称は，「金融コングロマリット内の信用機関（銀行），保険事業者，および投資会社の補完的監督に関し，かつ各指令を改正する2002年12月16日付欧州議会および理事会指令」である。

同指令は，従来の金融監督システム，すなわち銀行，証券，保険などという業態を別々の監督官庁が監督するというのでは，そのうちふたつ以上の金融業務を手掛ける金融コングロマリット形態をとる金融グループにたいして，全体として健全性を確保させるのに十分ではないという認識から，金融コングロマリットの補完的監督をさだめたものである。

「金融コングロマリット指令」は，2002年12月に採択され，03年2月に発効した。04年8月までに加盟国は，同指令を国内法化し，05年にはじまる会計年度より施行されることになった。

同指令は，制定の目的を前文において，つぎのようにのべている。少々長いが引用してみよう。

「従来，EUの法体系においては，独立した信用機関（銀行），また銀行・投資グループ，投資会社，保険会社，保険グループの一部としての信用機関，そして投資会社や保険会社についての健全性監督に関して，包括的に規定されていた。

しかしながら，金融市場の異なるセクターの金融サービスや金融商品を提供する金融コングロマリットは，信用機関，投資会社，保険会社などによって構成されているが，金融グループ全体としての健全性に関する規定が存在しなかった。

とりわけ，コングロマリット・レベルでのリスク集中やソルベンシー，コングロマリット・レベルでのグループ内取引と内部管理プロセス，経営の適正さに関する規定が存在しなかった。

金融コングロマリットのなかには，国際金融市場で活動し，グローバルな規模で金融サービスを提供する巨大金融グループも多くあるが，もし，これらの金融コングロマリットはもちろんのこと，金融コングロマリットを構成する信用機関，投資会社，保険会社が経営危機におちいると，世界の金融システムがきわめて不安定なものになるとともに，預金者，投資家，保険契約者に甚大な被害を与える可能性がある。

こうした現状をふまえて，金融セクターをまたがって金融業務をおこなう金融グループにたいする安定的な監督体制を確立するために，金融セクター別の法体系と監督体制の不備を補完し，健全性リスクに対処するためにこの指令が制定された。」

（2） 金融コングロマリットの定義

同指令による金融コングロマリットの定義というのは，つぎのとおりである（第2条14項，第3条）。

① グループ内に銀行（ユニバーサル・バンクは証券業をふくむ）と保険業の両方を有していること。
② グループ全体のバランスシートに占める金融業の比率が40％（金融コング

ロマリットと認定されたのちには，継続的に適用される基準は35％）以上であること。

③ 銀行（ユニバーサル・バンクは証券業をふくむ）と保険業の小さい方のバランスシートが60億ユーロ（50億ユーロ）以上，または
  ⓐ 当該業態のバランスシートがグループ全体のバランスシートに占める比率と，
  ⓑ 当該業態の必要自己資本がグループ全体の必要自己資本に占める比率を算出し，ⓐとⓑの平均が10％（金融コングロマリットと認定されたのちには，継続的に適用される基準は8％）以上，あること。

3　金融コングロマリットの概要

(1) 監督機関

金融監督当局から金融コングロマリットと認定されると，コーディネーターから通知を受ける。

コーディネーターというのは責任監督機関であって，国ごとや金融セクターごとにさまざまな監督機関があるなかで，効率的な補完的監督が可能になるように，関連する監督機関からそれぞれの金融コングロマリットについてひとつ選定される（第10条）。

コーディネーターの職務は，監督業務にかかわる情報の収集・伝達の調整，金融コングロマリットの監督活動の企画・調整（第11条），監督機関間の協力・情報交換をはじめとする補完的監督業務に必要な環境整備などである（第12条〜第17条）。

ただし，上記の条件に該当しても金融グループの最上位の機関がEUの金融監督規制対象事業者でない場合には，当該金融コングロマリットは，複合金融持株会社とよばれる（第2条15項）。

金融コングロマリットの範囲は，銀行・証券業または保険業の認可を受けた会社，その親会社，それらが20％超の株式を有する子会社，それらの会社と

取締役会が重複することなど，水平的な関係のある会社である。

（2）自己資本規制

　金融コングロマリットは，つぎの四つの計算式のいずれかによって，金融グループ全体の資本適合性を評価して，少なくとも年1回，コーディネーターに報告することが義務付けられている（第6条）。

　＊計算式1（連結会計方式）
　　連結自己資本－各セクターの必要自己資本額の合計≧0

　＊計算式2（控除合算方式）
　　各社の自己資本の合計－各社の必要自己資本額の合計－グループ内持分の帳簿価額≧0

　＊計算式3（帳簿価額・必要額控除方式）
　　親会社の自己資本－親会社の必要自己資本額－（親会社のグループ会社持分の帳簿価額）と（それらの子会社の必要自己資本額）の大きい方≧0

　＊計算式4
　　計算式1から計算式3の組み合わせ

　以上の計算式のいずれを使う場合でも，ダブルギアリング（自己資本の重複計算）と自己資本の不適切な創出が禁止されている。

（3）リスクの集中

　EU加盟国は，金融コングロマリット・レベルでの重大なリスク集中について，少なくとも年1回の報告を金融コングロマリットに義務付けるとともに，リスクの集中を制限する定量的制限の設定，その他の監督方法をとることがで

きる（第7条）。

　さらに，銀行，証券，保険の各セクター別規則の回避を防止するために，EU加盟国がリスク集中に関するセクター規則の条項を金融コングロマリットのレベルに適応することができる。

（4）グループ内取引

　EU加盟国は，資本適合性必要総額の5％を超えるグループ内取引について，少なくとも年1回の報告を金融コングロマリットに義務付けているので，グループ内取引を制限する定量的制限や定性的要求事項の設定ができる（第8条）。

（5）リスク管理と内部統制

　EU加盟国は，金融コングロマリットにたいして，金融コングロマリットのレベルで，適切なリスク管理プロセスと内部統制システムを保持することをもとめている（第9条）。

　リスク管理プロセスは，
　①健全なガバナンスおよびマネジメント，
　②自己資本の充実に関する適切なポリシー，
　③リスク管理システムを組織に十分に組み込むためのプロセス，
である。

　内部統制メカニズムは，
　①重要なリスクを洗い出し，自己資本をリスクと結び付けるためのメカニズム，
　②リスクの集中とグループ内取引をモニタリングし，制御するためのレポーティングおよび会計にかかわるプロセス，
である。

（6）EU域外金融グループ

　同指令には，EU域外の金融コングロマリットに関する規定もさだめられて

おり，EU の監督当局は，まず，EU 域外の金融コングロマリットの親会社が所在国において，同指令と同等レベルの規制を受けているか検証しなければならない。

もし，同等のレベルではないと判断されると，
① EU 域内の子会社にたいして，同指令の補完的監督を準用して適用するか，
② 当該金融コングロマリットに EU 域内に本店をおく複合金融持株会社の設立を要求し，当該複合金融持株会社グループ内の規制対象事業者に同指令を適用する（第18条），

のいずれかの方法がとられる。

(7) 持株会社の経営者の適正性

十分な評価，業務遂行にたる経験を有する人物でなければならない。

(8) 資産運用会社

金融コングロマリットのなかに資産運用会社がふくまれる場合には，補完的監督の対象となるが，どの金融セクターに含めるかは，各 EU 加盟国が規定する（第30条）。

(9) 業態別規制の改正

金融コングロマリットに該当しない銀行・証券グループも最上位の会社が第三国にある場合，同一水準の規制が適用される。

この EU の「金融コングロマリット指令」にもとづいて，ドイツの「信用制度法」をはじめ国内法を改正する「金融コングロマリット転換法」が2004年12月に成立し，05年1月に発効した。

第14章

金融商品市場指令

1　投資サービス指令

（1）投資サービス指令の概要
　1993年に出された「投資サービス指令」は，投資サービス業者の定義，金融機関監督としての単一免許制の採用，域外国機関の域内への支店の設置，健全性の観点からの本国の監督，単一免許制，サービス提供の手続き，営業可能な証券業務などを規定していた。

（2）投資サービス業者
　第三者にたいして，専門的に投資サービスを提供することを通常の業務としている法人が投資サービス業者である。第三者の保護について法人と同様の法的地位をもつこと，適切で節度ある運営について監督がおこなわれている場合，法人以外にも投資サービスを提供することができる。
　ただし，
　①支払い不能におちいった場合，顧客の金融商品や資金の所有権の保護，
　②監督当局の監督下にあること，
　③会計監査を受けていること，
　④完全な個人業者の場合，業務中止のさいの投資家保護規定の作成，
という条件を充足しなければならない。
　法人以外の者の投資サービス業務への従事を認めたのは，イギリスでは個人業者も投資サービスをおこなっているからである。

（3）単一免許制（シングル・パスポート）

　EU 単一免許制（シングル・パスポート）というのは，本国で免許を取得した投資サービス業者は，域内の他国に支店を設立しようとする場合，当該国であらたに免許を取得する必要がなく（原籍国・母国主義，ホームコントロール主義），証券業務にたいする監督責任は，証券免許を付与した加盟国がもっているというものである。

　本国で免許を取得する場合には，最低資本金を保有し，経営者に十分な信望と経験があり，実効的出資をしている株主などの氏名と出資額の届け出などが必要である。

（4）相互主義

　EU 域外国の投資サービス業者が EU 域内に現地法人を設立するか，または，域内国の証券会社の経営参加権を取得するさいには，相互主義の原則が適用される。

（5）取引情報の透明性

　投資サービス業者は，規制された市場で取引された金融商品の取引報告，とくに，売買された金融商品の名前と数量，取引のおこなわれた日時，取引価格，取引に関係した投資サービス業者特定に関する情報などを監督当局に報告しなければならない。

（6）規制された市場（regulated market）

　「投資サービス指令」は，規制された市場という概念を提示した。投資サービス業者は，場外取引ではなく規制された市場で投資サービス業務をおこなわなければならない。

　規制された市場は，つぎのように定義されている。

　①投資サービス業務をおこなう市場

②各加盟国が提出したリストに掲載された規制をみたしている市場
③継続的に機能している市場
④監督当局により，市場運営の条件，市場アクセスの条件，上場条件，実質的な取引の条件が規定されている市場
⑤報告要件と透明性要件をみたしている市場

この「投資サービス指令」は，世界的な証券取引所の再編がすすむなかで，2004年4月27日に大改正がおこなわれた。投資サービス指令は，「金融商品市場指令（MiFID）」に衣替えした。

2 投資サービス指令改正の必要性

（1）単一免許制

EU市場統合にともなう証券市場統合の進展，単一通貨ユーロの導入などによって，ヨーロッパの証券市場が拡大していったが，1993年に制定された「投資サービス指令（ISD）」では不十分になっていった。そこでISD改正の動きが出てきたが，その必要性は以下の点にあるといわれている。くわしくみてみることにしよう。

ISDは，投資サービス業者のライセンスについての有効な相互承認をおこなうことができるように十分な調和がなされていなかった。結果として，ISDにもとづく単一免許制（単一パスポート）の有効性は，クロスボーダー取引における二国間ないし多国間による監督によっていちじるしく低下してきた。

（2）投資家保護

ISDにかかげられた投資家保護についての規定が，時代おくれになってきた。適切なセーフガードは，あたらしいビジネス・モデル，市場慣行，関連するリスクを斟酌してあらたに作り上げなければならなかった。

投資家保護についての規則は，同じように，最良のあらたな取引機会を積極的に利用する最終投資家に代わって，顧客のために行動することを強制するよ

うに改訂される必要がある。これは，さまざまなタイプの注文執行場所の競争が最終投資家に不利というよりも，むしろ有利にはたらくことを保証するものである。

(3) 対象金融サービス

 ISD は，フルレンジの投資家本位のサービス（たとえば，投資アドバイス，あらたな販売チャネルなど）あるいは金融ディーリング（たとえば，商品デリバティブなど）をカバーしていなかった。
 これらの業務のいくつかが，企業の主要なあるいはレギュラーな業務としておこなわれようとしたときに，ISD あるいは関連する規則の適用をつうじて警告される投資家への有形リスクあるいはマーケットの効率性・安定性という問題を提起するかもしれないという問題があった。

(4) 証券取引システム

 ISD は，取引所がお互いに，また新しい注文執行プラットフォームとの競争がはじまったときに生ずる規制上かつ競争上の諸問題に対応することができなかった。ISD が制定された 1990 年代初頭というのは，取引所・取引システム間の競争はあまりなかった。
 異なる取引執行方法（取引所，新しい取引システム，証券会社による店頭注文執行）間でおこなわれている競争は，EU 証券取引監督に原則的規制上の変革をせまっていたということができる。
 規制市場に関連するいくつかの ISD の規定は，マーケットやシステムが流動性を確保することができたり，証券会社が顧客にほかのサービスを提供することと関連して，取引所外での注文執行ができる健全な規制上のフレームワークを提供してはいなかった。

(5) マーケットの規制

 ISD は，統合され，かつ競争的な取引インフラが登場することにいちじるし

い障害をもたらすようなマーケットの構造を規制することにたいして，任意のアプローチを与えていた。

ISD 第14条3項は，個人投資家からの注文を「規制市場（取引所集中原則）」でのみ執行することの義務付けを各国の監督当局に認めていた。多くの EU 加盟国は，規制市場でおこなわれる集中されたパブリック・オーダー・ブックに出す個人投資家の注文の相互作用を促進するこのオプションを利用してきた。

ほかの EU 加盟国は，このオプションを使わない選択をしてきたし，いかにして顧客に「最良執行」ができるかという決定を証券会社の責任にまかせてきた。それは，これらの国々における注文執行方法の多様性が大きいことの結果であった。

このようなマーケット構造の規制の根本的相違によって，国内取引慣行，マーケット・オペレーションに関するルール，注文執行プラットフォーム間での競争の範囲とマーケット参加者の行動との間で，それぞれ食い違いが出てきた。これらは，クロスボーダーの取引と流動性にとって重要な障害となってきた。

（6）証券監督当局間の協力

管轄する監督当局の指定や当局間の協力に関する ISD の規定は不十分であった。ISD の規定においては，EU 加盟国内での執行される取引に関する監督責任の所在が明確ではなかったし，クロスボーダー取引の健全性に関する監督についての協力体制が構築されていなかった。

完全に統合された単一金融・証券市場は，EU 全体にわたって等しい厳格さがもとめられるものであり，罰せられるような行動を禁止することが要求される。統合され，秩序だった単一市場のためのさらなる必須条件というのは，各国監督当局間の完全かつ直接的な協力と情報交換である。

ところが，ISD の証券監督間の協力に関する規定は，各国金融・証券市場の間のリンクが十分におこなわれていないという状況のもとでデザインされた。このようなメカニズムは，根本的に改訂される必要があった。

（7）証券規制

ISD の規定の多くは，柔軟性を欠くとともに時代おくれとなっていた。ISD は，マーケット構造とビジネスや証券監督の実践を深化させることに根拠をもつ緊急の規制上の論点に応ずることができないので，改訂されなければならなかった。

3　金融商品市場指令

（1）改正投資サービス指令（金融商品市場指令）

こうした諸事情のなかで，2004 年 4 月 27 日に，EU の「投資サービス指令」の全面改正がおこなわれた。改正された指令は，「金融商品市場指令（MiFID）」と名称が変更された。

表 14-1　MiFID の構成

MiFID 本指令	施行指令	施行規則
第Ⅰ編　定義及び適用範囲		
第 1 条　適用範囲		
第 2 条　適用除外		
第 3 条　選択的適用除外		
第 4 条　定義		
・投資助言	○	
・システマティック・インターナライザー		○
・デリバティブ		○
第Ⅱ編　投資サービス会社の認可及び運営の条件		
第 1 章　認可の条件と手続き		
第 5 条　認可の要件		
第 6 条　認可の範囲		
第 7 条　認可の付与及び認可申請の拒否に係る手続き		
第 8 条　認可の取消		
第 9 条　業務を実効的に管理する者		
第 10 条　適格保有分を有する株主及び参加者		
第 11 条　被認可投資者補償制度への参加		
第 12 条　初期資本		
第 13 条　組織に係る要件	○	
・アウトソーシング	○	
・記録保持	○	○
第 14 条　MTF における取引手続き及び取引の完了		
第 15 条　第三国との関係		

第Ⅱ部　EUの金融システム改革

MiFID 本指令	施行指令	施行規則
第2章　投資サービス会社の運営条件		
第1部　総則		
第16条　初期認可条件に係る継続審査		
第17条　継続監督に係る一般義務		
第18条　利益相反	○	
・リサーチ	○	
第2部　投資者保護に係る規定		
第19条　顧客に投資サービスを提供する際の業務行為		
・報酬	○	
・顧客に提供する情報の適正性	○	
・顧客に提供する情報の項目	○	
・適合性評価	○	
・妥当性評価	○	
・売買執行のみのサービス提供	○	
・記録保持義務	○	
・顧客への報告義務	○	
第20条　他の投資サービス会社を仲介したサービスの提供		
第21条　顧客に最も有利な条件で注文を執行する義務		
・最良執行の基準	○	
・執行方針	○	
第22条　顧客注文の取り扱いに係る規則		
・総則，注文の一括と配分	○	
・指値注文		○
第23条　専属仲介業者を任命する際の投資サービス会社の義務		
第24条　適格取引先との取引の執行	○	
第3部　市場の透明性と信認		
第25条　市場の信認の維持，取引報告，記録保持に係る義務		
・取引報告，記録保持義務		○
・報告手段		○
第26条　MTF規則及びその他法的義務の遵守の監視		
第27条　投資サービス会社の気配値公表義務		
・システマティック・インターナライザーに係る総則		○
・システマティック・インターナライザーによる気配値公表		○
・システマティック・インターナライザーによる執行		○
第28条　投資サービス会社の取引後情報開示		○
第29条　MTFの取引前透明性要件		○
・適用除外		○
第30条　MTFの取引後透明性要件		○
第3章　投資サービス会社の権利		
第31条　投資サービス及び投資活動を提供する自由		
第32条　支店の開設		
第33条　規制市場へのアクセス		
第34条　セントラル・カウンターパーティー，清算・決済機関へのアクセス及び清算システムを指定する権利		
第35条　MTFにおけるセントラル・カウンターパーティー，清算・決済に係る取り決めに関する規定		
第Ⅲ編　規制市場		
第36条　認可及び適用法		

第14章 金融商品市場指令

MiFID 本指令	施行指令	施行規則
第37条 規制市場の運営者に係る要件		
第38条 規制市場の運営に実効的な影響力を行使する者に関する要件		
第39条 組織に係る要件		
第40条 金融商品の取引認可		○
第41条 金融商品の取引の中断及び排除		
第42条 規制市場へのアクセス		
第43条 規制市場の規則及びその他法的義務の遵守の監視		
第44条 規制市場の取引前透明性要件		○
・適用除外		○
第45条 規制市場の取引後透明性要件		○
第46条 セントラル・カウンターパーティー及び清算・決済に係る取り決めに関する規定		
第47条 規制市場のリスト		
第IV編 監督当局		
第1章 指定，権限及び救済手続き		
第48条 監督当局の指定		
第49条 同一構成国内における当局の協力		
第50条 監督当局に付与される権限		
第51条 行政罰		
第52条 訴訟を提起する権利		
第53条 投資者の苦情申立てに係る裁判外のメカニズム		
第54条 職業上の機密		
第55条 監査人との関係		
第2章 異なる構成国の監督当局間の協力		
第56条 協力義務		○
第57条 監督活動，現場検証若しくは検査における協力		
第58条 情報の交換		○
第59条 協力の拒否		
第60条 認可前の当局間の諮問		
第61条 受入構成国の権限		
第62条 受入構成国による予防措置		
第3章 第三国との協力		
第63条 第三国との情報の交換		
第V編 雑則		
第64条 委員会手続き		
第65条 報告と審査		
第66条 指令 85/611/EEC の修正		
第67条 指令 93/6/EEC の修正		
第68条 指令 2000/12/EC の修正		
第69条 指令 93/22/EEC の廃止		
第70条 国内法への置き換え		
第71条 経過規定		
第72条 施行		
第73条 宛先		
付属書I サービス・活動及び金融商品のリスト		
A部 投資サービス・活動		
B部 付属サービス		

MiFID 本指令	施行指令	施行規則
C部　金融商品		
付属書Ⅱ　本指令におけるプロフェッショナル顧客　　　　Ⅰ　プロフェッショナルとみなされる顧客の分類　　　　Ⅱ　要請に基づきプロフェッショナルとして扱われ得る顧客		

(注)　小項目は施行指令，施行規則に規定のあるもののみ表示。
　　　セントラル・カウンターパーティーとは，売り手と買い手の間に入り，双方の売買の相手方となり，決済の保証を行う主体を指す。多くの場合，清算機関がセントラル・カウンターパーティーとなる。
(出所)　野村資本市場研究所「資本市場クォータリー」2007 Winter。

「金融商品市場指令」は，5編73条2付属書からなっている。同指令の施行細則として，2006年8月に採択された「施行指令」と「施行規則」の二種類ある。投資サービス会社と投資家の関係，たとえば投資家保護などを規定するのは，「施行指令」として加盟各国の法律にゆだね，取引所やMTFなど市場の透明性と信任，規制市場の市場規制などは，EUで直接効力をもつ施行規則という形態をとった。

MiFIDの概要は，**表14-1**のとおりである（『図説　ヨーロッパの証券市場2004年版』日本証券経済研究所，神山哲也「EU金融商品市場指令の欧州資本市場への影響」『資本市場クォータリー』2007 Winter）。

(2) 適用対象の拡大

MiFIDの適用対象は，旧指令と同様に主として投資サービス会社である。MiFIDは，投資サービス会社が取り扱うことのできる金融商品と投資業務の範囲を拡大することによって，より広範なタイプの投資サービス会社が単一パスポートにもとづいてEU域内国に進出できるようになった。

MiFIDは，投資サービス会社のコア業務である「投資サービスおよび活動」において，投資助言業務を従来の付属サービスからコア業務に格上げするとともに，つぎにのべるように，MTF（多角的取引ファシリティ）の運営をあらたに追加した。投資助言のコア業務への格上げは，それが金融商品の取引にかかわる個人的な推奨であるものの，投資家への個人的な推奨の重要性が高まってきたことによるものである。

このように，MTFの運営，投資助言がコア業務に格上げされ，付随サービスには，投資調査と財務分析，商品デリバティブの原資産にかかわる投資業務があらたに追加された。金融商品に，商品デリバティブ，クレジット・デリバティブ，差金決済取引，排出権や天候指標などの経済指標にかかわるデリバティブなどが加えられ，指令の対象とする業務と金融商品の範囲が拡大された（表14−2）。

表14−2　MiFIDにおける投資業務と金融商品

	ISD	MiFID
投資サービス及び活動	・(a)金融商品に関する注文の受付けと取次ぎ ・(b)自己勘定以外での上記注文の執行 ・自己勘定でのディーリング ・投資者の裁量的かつ個別の委託に基づき，金融商品を含むポートフォリオのマネジメント 　　　　　　　（新規） ・金融商品の発行の引受け／その分売 　　　　　　　（新規）	・金融商品に関する注文の受付けと取次ぎ ・顧客に代理しての注文の執行 ・自己勘定でのディーリング ・ポートフォリオ・マネジメント ・投資助言 ・金融商品の引受け／確約ベースでの金融商品の分売 ・確約ベースでない金融商品の分売 ・MTFの運営
付属サービス	・金融商品の保護預かり及び管理 ・カストディ・サービス ・投資サービス会社自身が取引に関与している場合において，顧客が金融商品の取引をできるよう，当該顧客への信用若しくはローンの供与 ・資本構成，事業戦略，その他関連する事項に係る企業への助言及び企業合併及び企業買収に関連する助言及びサービス ・投資サービスの提供に関連する外国為替サービス 　　　　　　　（新規） ・引受けに関連するサービス 　　　　　　　（新規） ・金融商品に係る投資助言	・カストディ及びそれに関連する資金／担保管理など，顧客勘定に関連して行う金融商品の保護預かり及び管理 ・投資サービス会社自身が取引に関与している場合において，顧客が金融商品の取引をできるよう，当該顧客への信用若しくはローンの供与 ・資本構成，事業戦略，その他関連する事項に係る企業への助言及び企業合併及び企業買収に関連する助言及びサービス ・投資サービスの提供に関連する外国為替サービス ・投資調査及び財務分析若しくはその他の形態の一般的な推奨で金融商品に関連するもの ・引受けに関連するサービス ・商品デリバティブの原資産に関連する投資サービス・活動及び付属サービス 　　　（投資サービスへ格上げ）

第Ⅱ部　EUの金融システム改革

	ISD	MiFID
金融商品	・譲渡可能証券 ・短期金融市場商品 ・集団投資スキームの持分 ・金融先渡契約（現金決済が可能な同等な金融商品を含む） ・金利先渡し契約 ・金利，通貨，株式スワップ ・上記金融商品を取得若しくは売却するオプション（現金決済が可能な同等な金融商品を含む） 　　　　　　（新規） 　　　　　　（新規） 　　　　　　（新規） 　　　　　　（新規） 　　　　　　（新規） 　　　　　　（新規）	・譲渡可能証券 ・短期金融市場商品 ・集団投資スキームの持分 ・オプション，先物，スワップ，金利先渡し契約，その他のデリバティブ契約で証券，通貨，金利若しくはイールドに関連するもの若しくは，デリバティブ商品，金融指標，措置で現物若しくは現金で決済可能なもの ・オプション，先物，スワップ，先渡し契約，その他のデリバティブ契約でコモディティに関連し，現金で決済するもの若しくは一方当事者の選択によって現金で決済可能なもの ・オプション，先物，スワップ，先渡し契約，その他のデリバティブ契約でコモディティに関連し，現物決済が可能なもののうち，規制市場若しくはMTFで取引されているもの ・上記以外のオプション，先物，スワップ，先渡し契約，その他のデリバティブ契約でコモディティに関連し，商業目的でないもので，認知された清算機関で清算されたり経常的な追加証拠金を要するなど他のデリバティブ商品と同じ特性を有するもの ・信用リスクの移転のためのデリバティブ商品 ・差金決済契約 ・オプション，先物，スワップ，先渡し契約，その他のデリバティブ契約で，天候指標，貨物運送価格，排出権，インフレ率，その他公式な経済指標に関連するもので，現金で決済するもの若しくは一方当事者の選択によって現金で決済可能なもの，及び，上記に含まれない資産，権利，義務，指標，措置で，規制市場若しくはMTFで取引される，認知された清算機関で清算される，経常的な追加証拠金を要するなど，他のデリバティブ商品と同じ特性を有するもの

（注）　ISDでは，「投資サービス及び活動」は「サービス」，「金融商品」は「商品」，「付属サービス」は「ノンコア・サービス」となっている。
（出所）　表14－1と同じ。

（3）顧客区分の導入

MiFID は，顧客を，

①リテールの顧客，

②プロの顧客，

③適格取引先，

という三つに区分し，顧客保護を必要とする投資家にたいしてはきびしい規制によって保護する半面で，さほど投資家保護を必要としない投資家には，より柔軟な投資ビジネスができるようになった（図 14‐1）。

プロとみなされる顧客は，

①銀行，投資サービス会社，保険会社，資金運用会社などの金融機関，

②総資産 2000 万ユーロ，純売上高 4000 万ユーロ，自己資本 200 万ユーロの大企業，

③国，地方自治体，欧州中央銀行と加盟国中央銀行などの公的機関，

④その他の機関投資家，

図 14‐1　MiFID における顧客区分

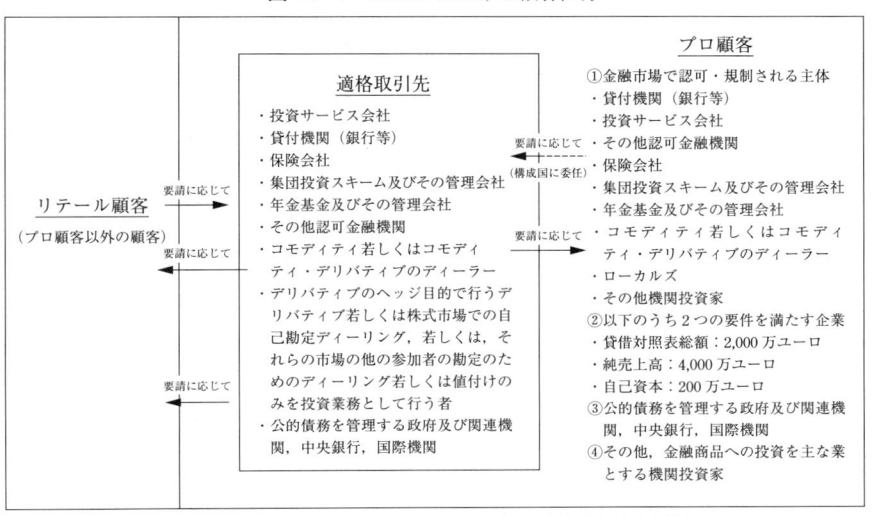

リテール顧客 （プロ顧客以外の顧客）		適格取引先 ・投資サービス会社 ・貸付機関（銀行等） ・保険会社 ・集団投資スキーム及びその管理会社 ・年金基金及びその管理会社 ・その他認可金融機関 ・コモディティ若しくはコモディティ・デリバティブのディーラー ・デリバティブのヘッジ目的で行うデリバティブ若しくは株式市場での自己勘定ディーリング，若しくは，それらの市場の他の参加者の勘定のためのディーリング若しくは値付けのみを投資業務として行う者 ・公的債務を管理する政府及び関連機関，中央銀行，国際機関	プロ顧客 ①金融市場で認可・規制される主体 ・貸付機関（銀行等） ・投資サービス会社 ・その他認可金融機関 ・保険会社 ・集団投資スキーム及びその管理会社 ・年金基金及びその管理会社 ・コモディティ若しくはコモディティ・デリバティブのディーラー ・ローカルズ ・その他機関投資家 ②以下のうち 2 つの要件を満たす企業 ・貸借対照表総額：2,000 万ユーロ ・純売上高：4,000 万ユーロ ・自己資本：200 万ユーロ ③公的債務を管理する政府及び関連機関，中央銀行，国際機関 ④その他，金融商品への投資を主な業とする機関投資家

（注）　ローカルズとは，取引所会員権を有し，立会場で自己勘定取引を行う投資者を指す。
（出所）　表 14‐1 と同じ。

である。

　リテールの顧客というのは，プロの顧客以外の顧客である。適格取引先は，プロ中のプロと位置づけられている。

　MiFIDでは，リテール顧客が厳格な投資家保護を受けるとされ，実施指令においてそのことが詳細に規定されている。他方，プロの顧客との取引については，MiFIDの原則だけが適用される。しかも，投資サービス会社と適格取引先との取引については，MiFIDに規定された投資家保護に関する業務行為規制，最良執行義務，顧客注文の取り扱いに関する規則は適用されない。

　これらの顧客区分は，みずからの要請により，他の顧客区分に分類されることができる。

（4）効率的かつ透明で統合された金融取引インフラを構築する諸措置

　この諸措置の概要は，つぎのようなものである。

①ヨーロッパの株式市場の高揚につながった規制市場（regulated market＝取引所）について独自の編を設けて，認可・規制・監督に関する規定がおかれた。

②ATSなど取引所外の新しい取引システムをMTF（多角的取引ファシリティ）と定義して，組織要件，取引監視，取引前後の透明性に関する規定などをおいた。

　MiFIDにおいてMTFがコア業務に追加されたのは，ヨーロッパの金融商品の取引に関して，一貫した規制体制を構築する必要性から，規制市場と同等の規制をおこなう必要性からである。MTFが規制市場と同等の位置づけが与えられている点が旧指令と異なっている。

③MiFIDは，取引場所として，規制市場，MTFのほかに，システマティック・インターナライザー（組織的内部執行業者）という新しい概念を導入している。

　システマティック・インターナライザーというのは，規制市場，MTFの外部で，組織的かつシステマティックに，頻繁に顧客注文を執行するに

あたって，自己勘定でディーリングをおこなう投資サービス会社である。主にリテールの顧客を対象とした取引所外のマーケット・メーカーというべきものである。

④顧客からの注文をブローカー＝ディーラーが店内自己執行する場合に生ずる利益相反，ディーラーやブローカー＝ディーラーによる取引所外での取引執行がもたらす最良執行原則毀損問題など，証券会社内部で取引が執行される場合に生ずる問題の防止の規定がさだめられた。

MiFIDでは，投資サービス会社が顧客の注文を執行するさい，顧客にとって可能なかぎり最良の結果がえられるように，価格，費用，迅速性，執行・決済の確実性，規模，性質，その他，注文の執行に関連するあらゆる要素を考慮して，合理的な措置を講じることをもとめている。そのため，MiFIDは，投資サービス会社に最良執行義務を履行するための執行方針の策定を義務付けている。

MiFIDにおいては，利益相反の防止，業務行為規範，最良執行，顧客注文取り扱い規則，透明性要件など，高い投資家保護と整合的な証券会社の認可・運営に関する規定がおかれた。

このように，EUの域内市場統合の一環としておこなわれた証券市場統合は，改正「投資サービス指令」でその全容がほぼ整った。

(5) EU証券市場の高揚

このようにEUにおいては，証券市場の規制緩和と自由化，EUにおける規制の調和がはかられるとともに，世界経済の情報化が進展してきているなかで，証券取引所をめぐる国際的な統合や業務提携に動きが顕著になってきている（詳しくは，大崎貞和「国際的な市場間競争の展開と日本の取引所」『証券レビュー』第46巻第12号，2006年12月，佐賀卓雄「証券取引所のグローバルな再編について」同号，参照）。

2006年12月に，アムステルダム，ブリュッセル，パリ，リスボン取引所で作るユーロネクストがニューヨーク証券取引所と合併することになった。同月，

アメリカのナスダックも買収提案を拒否しているロンドン証券取引所にたいして，株式公開買い付けによる敵対的買収を仕掛けた。

　ストックホルム，タリン，コペンハーゲン，リガ，ヘルシンキ，ビリニュスという6カ国の証券取引所を傘下におさめ，スウェーデンに本拠をおくOMXグループは，2006年秋にアイスランドの証券取引所の買収をきめた。他方，スイスの取引所と提携しているドイツ取引所の動向が注目されている。

第Ⅲ部

ドイツの金融システム改革

第15章

ドイツの社会的市場経済原理

1 社会的市場経済原理

（1）ドイツ経済の理念

　EU（欧州連合）は，設立当初の原構成国6カ国から50年かけて，現在では27カ国に拡大し，平和で地球環境に配慮した本当の意味で豊かなヨーロッパの構築をめざしてきた。しかも，ヨーロッパ諸国は，福祉をある程度充実させ，労働者・従業員も正規雇用が中心で，簡単には解雇することもなく，比較的高い労働条件，とくに長期連続有給休暇（ドイツなどでは，通常6週間）も提供してきた。

　アメリカのように経済運営のほとんどをとことん競争原理にゆだねるのではなく，社会的公平性や公正さを維持するために，EUは，さまざまな経済規制をおこなってきた。極端な金融規制緩和・自由化をおこなって，マネーゲームがはびこり，資金を右から左に動かして簡単に金儲けしようとする風潮を生み出すということもない。

　このような経済システムが可能であったのは，EUという事実上の「ブロック経済」をヨーロッパ諸国が作り上げたおかげで，日米の金融資本，巨大企業などとの競争をある程度排除することができるとともに，EU加盟国が増えることで，市場が拡大し，ある程度経済を発展させることができたからである。

　ところが，1990年代にアメリカでは，新自由主義的経済運営によって，株式市場が高揚し，好景気がおとずれたものの，ヨーロッパ諸国は，なかなか失業率が低下しないばかりか，景気も低迷をつづけた。

そこで、2005年の9月にドイツでおこなわれた総選挙では、それまでの労働者・従業員と庶民に比較的優しい社会的市場経済原理の修正を主張するキリスト教民主・社会同盟（CDU・CSU）が勝利したものの僅差であった。

 このことから、ドイツ国民は、社会的市場経済原理のある程度の変更を選択したのであって、日本のように、金儲け万能の風潮の蔓延、金持ちの優遇、経済・地域格差拡大、福祉の徹底的切り下げと弱者切捨て、もの作りの軽視とマネーゲームの横行、企業・職業倫理の欠如、の方向にすすむことはないということができるであろう。

 ここで、ヨーロッパの社会的市場経済原理にもとづく経済政策運営の変遷、EU拡大という市場拡大による経済成長とヨーロッパ諸国民の生活水準向上をめざすという実態を、ドイツの事例からみてみることにしよう。

（2）社会的市場経済原理

 ドイツの社会的市場経済原理というのは、創始者であるミュラー・アルマックによれば、「市場における自由の原則と社会的均一化（調整）の原則との結合」、あるいは「社会的安全と経済的自由の結合」であるとされるが、具体的には、競争原理を徹底的にはたらかせながら、社会的な不公平・不公正にたいして国家が経済過程に積極的に介入するというものであるといえよう。

 具体的にみれば、たとえば、国家による預金者の「合法的収奪」であるインフレを阻止する、競争原理の徹底により生ずる経済・地域格差を財政政策などによって縮小する、競争制限による独占を防止する、環境保全と快適な住空間の確保を徹底するとともに、そのために必要とされる場合には私権の制限もおこなう、福祉の充実と低所得者層に経済的支援もおこなう、マネーゲーム排除や顧客保護などのために金融規制をおこなう、いいもの作りのためにマイスター制度を整備する、安価で良質な住宅を提供する、などなどである。

 経済政策運営をおこなう方法には、巨大企業の立場に立つか、労働者・従業員、零細農民、中小零細企業、庶民、などの立場に立つかのふたつしかないであろう。現状では、両者のどちらの側にも利益となるように経済政策を運営す

ることはできない。だから，経済運営には「客観性」はないと思う。

国家は，そのどちらかの側に立つかであるが，われわれは，国家の責任というのは，労働者・従業員，庶民が快適で豊かな「最大限」の生活を享受できるようにするとともに，生命，健康，財産を守ることにあると考えている。

巨大企業と大株主の立場にだけ立脚して，国家が経済政策運営をおこなうのがアメリカ型新自由主義・市場原理主義であり，労働者・従業員，庶民などに十分に配慮するのがドイツ型の社会的市場経済原理である。

2　ドイツの経済政策運営

（1）経済政策運営の特徴

ドイツの経済政策運営のいくつか特徴的な点をあげれば，つぎのようなものである（熊谷徹『ドイツ病に学べ』新潮社，2006年，参照）。

第一に，ヨーロッパのなかで生きるドイツにとって，ユーロ導入によるメリットが大きいといわざるをえないことである。ドイツからの輸出の約44％はユーロ経済圏向けであるが，市場規模が約8250万人から約5億人という巨大な経済圏に膨れ上がった。

同時に，ポルシェ，メルセデス・ベンツ，BMWなどの高級車は世界でも高い競争力を維持している。プラント，工作機械などは，世界一の輸出国であり，環境保護運動の先進国でもあって，とりわけ風力発電，太陽光発電などの環境関連技術も高い水準を維持している。

第二に，労働者の権利が国際的にみても，比較的手厚く擁護されていることである。

「共同決定法」にもとづいて，広範な労働者にたいして経営参加が認められている。大規模企業の場合，取締役会を選出・解任する権限をもつ監査役会への半数の参加が認められている。

日米とくらべて，労働者の権利が相対的に保護されているので，労働コストは，相対的に高くなっている。2004年に27.60ユーロであったが，アメリカは

18.76 ユーロ,日本は 17.95 ユーロにすぎず,給料のほか付随コスト(年金,健康保険,雇用保険,介護保険)の半分を企業が支払っている(コストは 27.6 ユーロのうち 12.15 ユーロ)。

1 日 10 時間以上の労働,日曜祭日の労働は原則として禁止され,残業は,事業所委員会(企業の組合)の許可が必要である。労働時間は,1975 年に週 40.27 時間から 04 年に 37.35 時間に減少した。ほとんどの企業がフレックス・タイム制度を導入している。

「解雇からまもる法律」によって,労働者の雇用はある程度保護されている。労働者は,6 カ月間の試用期間が終了すると法律で解雇からまもられる。経営不振などで労働者を解雇する場合,大規模企業では,事業所委員会の許可が必要だけでなく,多額の退職金も支払わなければならないので,いきおい解雇されても負担の少ない社員から解雇されることになる。これが,ドイツで若年失業者が多い理由のひとつとなっている。

第三に,社会的市場経済原理の真髄である社会福祉がある程度充実していることである。たとえば,健康保険未加入者というのは,アメリカでは 2003 年に 16.5% であるが,ドイツはわずか 0.3% にすぎない。人間の生命・健康・財産をまもるのが国家の大きな使命であるはずなのに,アメリカでは,病院にもいけない国民が五分の一弱もいるというのは,やはり異常である。

公的健康保険は,たとえば眼鏡のレンズ,フレーム,サングラスも保険の対象としており,入院した場合の病室は,大部屋ではなく,二人部屋か一人部屋で,枕元にそれぞれ電話がそなえつけられているという。人間としての尊厳が維持されるには,最低でも二人部屋ということなのであろう。

「連邦休暇法」は,従業員・労働者に最低限 20 日の有給休暇を付与しなければならないとさだめているが,大半の会社は,30 日付与しており,土日をあわせると 6 週間の長期連続休暇を与えられている。

「医学的な予防とリハビリ措置」による転地療養休暇も社会保険がカバーしており,診断書があれば,最高 6 週間,山岳地帯や湖畔の医療施設や特別のホテルに滞在して療養可能である。この宿泊費や治療費も保険がカバーしている。

2004年までは，葬儀費用や分娩費用も公的保険でカバーされていた。

ドイツでは，1995年に世界で最初に介護保険への加入を義務付けられた。老人ホームも一人部屋か二人部屋であるが，それは，最低限のプライバシーの確保というのは，人間の尊厳を保持する前提であるという思想にもとづくものであろう。

ドイツでは，良質な住宅を庶民に提供するように，公共住宅（社会住宅といわれた）の整備，庶民金融機関による住宅ローンの提供などがおこなわれてきた。

（2）地球環境保全の取り組み

ドイツ経済には，このような特徴があるが，さらに特筆すべきことは，世界でももっとも徹底した地球環境保全政策を遂行していることと，かたくななまでに安全で質の高いもの作りを追求していることである。

地球環境保全について，ドイツは先進的な役割をはたしている。ドイツ政府はすでに1971年に，動植物の生態系をまもるための「環境保護計画」と小学校からの「環境教育計画」という通達を出し，環境保全につとめてきた。

はやくも1972年に「廃棄物処分法」が制定されたものの，実効性があまりなかった。そこで，86年に同法の全面改正がおこなわれ，廃棄物の発生をゼロにし，リサイクルを促進するための「廃棄物法」が制定された。同法にもとづいて「包装廃棄物政令」が施行された。同政令は，包装廃棄物の回収・リサイクル義務を生産者と流通業者の責任とした。

1993年には，「廃棄物法」の全面改正がおこなわれ，循環型社会の実現をめざす「循環経済・廃棄物法」が制定された。

ドイツの地球環境保全対策という点では，とりわけ深刻化する地球温暖化防止のために，風力発電，太陽光発電，水力発電，バイオマスエネルギーやメタンガスなどの再生可能エネルギーの普及が積極的にすすめられていることが大きな特徴である。

2000年には「再生可能エネルギー法」が制定された。同法は，約8％であ

る総発電量に占める再生可能エネルギーの比率を10年に12.5％，20年に20％に引き上げるとしている。そのため，電力会社とエネルギー会社は，再生可能エネルギーを高い対価を支払って引き取る義務が課せられている。50年には，半分を占めるようになるだろうといわれている。

ドイツ政府は，風力発電，太陽光発電，水力発電，バイオマスエネルギーやメタンガスなどの企業に補助金を与えている。そのため，再生可能エネルギー関係の企業が増加してきている。とくに，全発電量に占める風力発電の比率は約6％で，世界でもっとも風力発電量が多い。

2003年には，ほとんど政府が負担して10万世帯の屋根に太陽光発電機を設置する特別プログラムが実施された。また，電力会社が太陽光発電によって電力を供給すると1キロワットあたり54セントを政府から受け取る。

日本やアメリカでは，化石燃料を使った発電は地球温暖化を深刻化させるので，原子力発電を増やすべきだという方向に世論操作がなされている。だが，ドイツでは，2002年に，20年までに原子力発電を廃止する法律が制定され，原発が段階的に廃止されることになっている。本当に廃止されるかどうかは予断を許さないが，技術的に未成熟で，使用済み核放射能の半減期が2万年などという原子力発電は，廃止すべきであろう。原子力発電をおこなうたびに，危険な核廃棄物が地球上にかぎりなく蓄積されていくからでもある。

ドイツでは，1999年に石油と電力などのエネルギーへの課税と年金保険料の引き下げを結び付けた環境税が導入された。同税の趣旨は，エネルギーへの課税によって地球環境への負荷を減らし，その税収を年金基金にもあてるというものである。企業と労働者が支払う年金保険料が軽減されることで，労働者が恩恵をうけるとともに，企業も雇用を増やすことができるといわれている。

住空間の整備も徹底しておこなわれている。人間らしい，落ち着いた生活ができるように，住宅建設にさいして，高さやかたち，色などかなりの制限が課せられている。だから，歴史ある，古い建物は，道路に面した部分を残して，立て替えなければならないこともある。すばらしい景観の保持や快適な住空間の整備のためには，私権も制限され，コスト増になるのは仕方のないことなの

だという考え方が定着しているといえよう。

　農業保護に重点をおくEUに加盟していることもあって，農業も，環境保全と食料自給という観点から保護され，農業国でもないドイツの食料自給率は90％程度と比較的高水準を維持している。とくにドイツでも昨今，環境保全型農業ということが重視されている。経済共同体を形成しているので，競争力のある産業に特化し，食料は，農業国から輸入すればいいという考え方はとらない。国民に供給する食料を自給するというのは，国家存立の大前提だからである。

（3）いいもの作り国家

　ドイツは，安全でよりいいものを作るという，堅実なもの作り国家としての伝統を維持している。その伝統をまもっている制度がマイスター制度である。この制度は，中世の徒弟制度を継承するもので，1953年の「手工業法」の制定により職能制度として法制化された。

　マイスターの資格を取得するには，見習いとして3年間働きながら職業学校にかよい，「徒弟」として3年から5年にわたって修行して，マイスター試験に合格することが必要である。

　マイスター制度では，いまではわずかに建設業などに残る程度であるが，約800年前からつづく放浪修行という独特の制度がある。修行期間は3年と1日で，徒歩かヒッチハイクで各地を放浪し，仕事現場でマイスターの職人技を学ぶというのがその趣旨である。多くのひとびとや文化にふれ，人間として成長することにも大きな意義がある。金儲けのためにマイスターになりたいと思って，放浪修行に出ても，ひとびとの施しを受け，やさしくしてもらって修行する過酷なものなので，終る頃には，お金にたいする執着も消えるといわれる。

　こうして，マイスターになれば，お世話になったやさしいひとびとのために，恩返しの意味でも，より安全で，いいものを作ろうとするのだろう。金儲けのために不正をおこなおうとするふとどき者も出てこないだろう。丈夫で長持ちするものを作るドイツの伝統は，こうして形成されてきたのだと思う。さすがに現在では，修行は，工場や企業での実務経験が中心になっているが，

このドイツのもの作りの質を維持してきたマイスター制度も，EU から「参入規制」だと批判された。そこで，それまで94業種で開業にあたってマイスター資格の取得が義務付けられていたが，2004年に法改正がおこなわれ41業種に減少した。とはいえ，健康管理，危険物取り扱いなどの安全の分野，自動車，電機，金属・機械などの技術レベルの維持という観点からも主要業種でマイスター制度が残された。安全でいいもの作り国家ドイツの伝統は，依然として健在であるといえよう。

ドイツのいいもの作り国家の維持について，ここで指摘しておかなければならないことは，ドイツにおける派遣労働者の状況である。1972年に「労働者派遣法」が制定されたが，2004年の法改正によって，派遣先企業は，派遣先企業で正社員に与えられているのと同一の賃金，同一の労働条件であることを派遣労働者に保証することが義務付けられた。すでにドイツでは，同一労働・同一賃金が実現しているようである。

派遣期間の上限は1年以内に制限されており，1年を超えると派遣先企業は，直接雇用しなければならない。したがって，派遣労働の約7割が3カ月未満の短期の臨時的・一時的なものとなっているので，正規雇用を派遣労働という非正規雇用に置き換えるということはあまりないといわれている。

ドイツでは，派遣労働制度が厳格に適用されており，「偽装請負」などということはあまり問題となることはないようである。

このような規制とマイスター制度の堅持によって，高度のもの作りの技術が継承され，いいもの作り国家が維持されていると思われる。

3　社会的市場経済原理の堅持

（1）ドイツ経済の諸問題

このように，競争原理を徹底させて経済格差を拡大させるのではなく，財政措置などによって，福祉を充実し，現代版の徒弟制度であるマイスター制度を維持して，いいもの作りにはげむ堅実経済を志向し，マネーゲームなど無縁で

あったドイツ経済も，最近では，いささか変質しつつある（同書）。

第一に，たとえば，自動車のリコール件数が，1998年の55件，2000年の72件から，04年には137件に増加していることにみられるように，ドイツ経済の強さの源泉であったいいもの作りの質が低下してきていることである。

2002年に6月，ダイムラー・クライスラーとドイツ・テレコムなどによってトル・コレクトが設立され，03年8月，アウトバーンを通行するトラックから通行料金を徴収するシステムが構築されることになっていたが，トラブルが発生し，05年1月から当初より簡略化された方式でやっと稼動したことにみられるように，システム構築の弱点が露呈した。

第二に，堅実経済を堅持してきたさしものドイツでも，マネーゲームが登場したことである。たとえば，市街地図会社として有名なファルクの創業者の息子が，自分の会社を1996年，ベルテルスマンに2500万ユーロで売却した。その売却資金でIT関連企業をつぎつぎに買収した。そして，ネットバブル崩壊の年である2000年に，インターネット関連会社イズィオンをイギリスの通信会社エネルジスに8億1200万ユーロで売却したが，両社は倒産した。

この倒産にさいして，ファルクがイズィオンの売上高や利益を粉飾して株価を吊り上げ，不当な利益をえたとして03年に，ドイツの検察当局がファルクを逮捕した。ドイツ版の「ライブドア」事件といえるかもしれない。

第三に，ドイツでもアメリカ型の株主価値重視の経営がおこなわれるようになってきたことである。それは，株主によって，人員削減などによる収益向上がきびしくもとめられるようになってきているからでもある。

たとえば，オペルが2004年に9500人の人員削減，フォルクスワーゲンが06年に2万人の人員削減を発表した。1998年の電力自由化により，どの地域の電力会社から買ってもいいことになって競争が激化したので，電力会社の従業員は，1993年から2001年までに約6万人減少して約13万人となった。

ドイツ銀行も5200人の人員削減をおこなったが，これは，2004年度当期利益の前年度比81％増，ROE（株主資本利益率）を10.9％から25％に引き上げることが目的であった。保険のアリアンツも2005年度の利益が44億ユーロで

あるにもかかわらず，06年6月に7500人の人員削減をおこなった。

　第四に，ドイツにおいても銀行危機が進行した。そこで，たとえば，2005年6月，ヒポ・フェラインス銀行がイタリアのウニクレディト銀行に買収された。それは，同行が，旧東ドイツの不動産開発事業にのめり込むとともに，航空機会社ドルニエ，建設会社フィリップ・ホルツマンが倒産し，損失が拡大したことによるものであった。

　第五に，こうしたドイツ経済の諸問題が噴出してきているが，さらに深刻な問題は，財政赤字の拡大に対処するために，社会福祉の切り下げが社会民主党政権下でもおこなわれてきたことである。

　社民党政権は，社会的市場経済原理の修正により景気の低迷を打破しようとして，2003年から社会保障制度の改革，すなわち社会福祉の切り下げをおこなってきた。さらに，たとえば，長期失業者への手当の減額，中高年への失業給付期間の短縮のほか，解雇規定を緩和するとともに対象企業を従業員5人以下から10人以下に広げることで，零細企業が人員整理しやすいようにしたり，ドイツのもの作りの高い質を担保してきたマイスター制度が改変され，この資格がなくても開業できる業種が拡大された。

　もちろん，福祉の切り下げや労働条件の引き下げなどで国民の反発が強まってくると，社民党は，高額所得者への所得税の上乗せなどで社会的公平さを重視する姿勢だけはみせざるをえなくなっていた。

（2）ドイツ経済のゆくえ

　戦後，経済成長にとって桎梏となるはずの社会的市場経済原理にもとづく経済政策運営をドイツがおこなうことができたのは，ドイツがEUという経済統合の枠組みのなかでの経済成長を志向してきたからである。

　世界中がこのように，地球環境と労働者・従業員・庶民を重視する経済政策を遂行するのであればいいが，温暖化防止条約に参加すると経済成長が阻害されるとして批准を拒否し，機会の平等というもっともらしいい方で金持ちを優遇するアメリカで1990年代以降，株価が高揚し，景気も絶好調にあったこ

とがヨーロッパにも大きな影響を与えてきた。

　ドイツの総選挙でも，フランスの大統領選挙でも，「大きな政府」の変更を公約にかかげる勢力が勝利した。だが，ヨーロッパにおける経済政策の変更というのは，微調整の範囲を超えるものではないと思う。それは，ヨーロッパがEU加盟国の増加という経済統合の拡大とユーロ導入国の増加という経済統合の深化を希求してきたからである。

　フランスでは，新自由主義的な経済政策をおこなおうとする政府にたいして，大規模なストライキがおこなわれた。

　ドイツでも大連立政権は，成立以降，社会保障制度の縮小，企業の国際競争力の強化などいわゆる「経済構想改革」をすすめてきた。法人税の引き下げなどがおこなわれる一方で，2007年1月からは付加価値税率が16％から19％に引き上げられた。ドイツは付加価値税によって，福祉政策をある程度充実させることが可能となっている。

　もちろん，民主主義国家の大前提である行政の無駄の排除などの徹底的な歳出削減がおこなわれたうえでの増税である。たとえば，食料などの生活必需品への軽減税率は据え置かれるとか，高額所得者への所得税率を引き上げる「富裕税」の導入などもおこなわれた。付加価値税率の引き上げは，大衆課税を重くするものであるが，労働者・庶民への配慮もある程度なされているのが特徴である。

　CDU・CSU主導の大連立政権において，いわゆる「経済構造改革」をすすめてきたが，やはり，日本のような極端なかたちでのアメリカ型の新自由主義の方向には転換しないようである。社会民主党は，45歳以上の失業者への給付期間の再延長など，中高年の失業給付の再拡充を主張している。労働者・庶民は，社会民主党を見限っており，左翼党が支持を拡大しているからある。

　ヘッジファンドなどの傍若無人な行動への規制も検討されている。ドイツは，2007年10月に開催されたG7（財務相・中央銀行総裁会議）でヘッジファンド規制を提案したが，市場の効率性を阻害するという米英や日本などの反対で実現しなかった。

いいもの作り国家を崩壊させかねないマネーゲームを阻止するために，ドイツ企業にたいする敵対的買収者を金融監督当局がしっかりと監視するなどの法整備もおこなわれる見込みである。

ドイツは，EUによる過度の規制緩和にも抵抗をしめしている。たとえば，EUが検討中の電力・通信事業の規制緩和にも抵抗し，国内の市場開放を慎重におこなうことになるだろう。2008年の郵便の全面自由化にそなえて，政府は，ドイツポストに最低賃金制を導入し，簡単には賃金の引き下げができなくなっている。

このような「構造改革路線」の修正は，2008年の州議会選挙，その後の連邦議会の選挙を意識し，労働者・従業員・庶民重視の姿勢を打ち出したものであるといわれている。前回の総選挙で，左翼党など二大政党以外の政党が大躍進した結果なのであろう。

すなわち，地球環境保全，労働者・従業員・庶民重視，堅実なもの作り国家の維持など，社会的市場経済原理にもとづく経済政策運営の根本的変更をドイツ国民が絶対に許さないということの帰結なのであろう。

第16章

金融・証券システム改革

1 ドイツの金融システム

（1）ユニバーサル・バンクの成立

　19世紀末から20世紀初頭にかけてドイツで確立した金融制度がユニバーサル・バンク・システム（Universalbankensystem）である。ユニバーサル・バンク・システムでは，銀行が預金の受入れや貸出業務などの本来的な銀行業務に加え，株式，社債などの有価証券の引き受けや売り出し・管理，自己売買，売買の仲介などの証券業務をおこなうことが許されている。その成立の経緯は，つぎのとおりである。

　資本蓄積がきわめて不十分であったドイツの産業革命の初期段階において，銀行は，莫大な資本を必要としていたドイツ企業に設備投資資金を提供した。銀行は，増資などにより自己資本を調達して，貸付原資に充当した。

　企業が成長し業績が向上したのちに株式を発行させた。債務と株式と交換することで資金を回収する「投機的」な活動をしていた。いわゆる「債務の株式化」である。企業業績が良好であれば，銀行は，引き受けた株式をマーケットで売却し，膨大なキャピタル・ゲインをえることができた。しかし，業績が思わしくなかったり，倒産したら，へたをすれば，融資した資金を回収することができなかった。ドイツでは，産業革命当初，株式会社形態の銀行がバタバタ倒産したのは，そのためであった。

　そこで，19世紀末から20世紀初頭にかけて，本来的な銀行業務を確立し，より安定的な経営をおこなうために，重化学工業のあるルール地域で企業金融

をおこなっていた地方大銀行などを買収した。こうして，重化学工業企業などの長期設備投資などに絡む証券業務と支払い決済業務などの企業金融を営む「兼営銀行」があらわれた。そして，1930年代になると，ドイツにおいて，ユニバーサル・バンクという呼称がもちいられるようになった。

　ユニバーサル・バンク・システムには，長所もあるが，弊害も多い。主な問題点として，銀行業と証券業を兼営することによる利益相反の可能性のほか，銀行による貸出しが主流であるため，ドイツにおいて社債市場や株式市場などの発達が遅れていることなどがあげられる。また，銀行による「企業支配」や「産業支配」がおこなわれる可能性が高いともいわれている。

　1980年代末から90年代にかけて，ヨーロッパ地域で銀行の提供するサービスの範囲を拡大しようという動きが顕著になってきた。すなわち，たとえば，1989年にドイツ銀行による子会社設立をつうじた生命保険業進出を契機にして，ドイツをはじめとするヨーロッパ諸国における金融機関の総合金融機関化（アルフィナンツ）の動きが強まっていったのである。

（2）金融システムの特徴

　ドイツの金融システムにおける銀行のタイプを大別すると，銀行本体で銀行業務と証券業務を兼営するユニバーサル・バンク型の金融セクターと特別の銀行業務に特化した専門銀行セクターに分けることができる。

　専門銀行には，住宅ローン専門銀行や証券保蔵銀行，抵当銀行などがある。とりわけ，専門銀行である復興金融公庫が，貸付債権の証券化業務を手掛けるようになっていることは特徴的である。

　ユニバーサル・バンク型の金融グループは金融機関数で約97％，総資産ベースおよび貸付額ベースでドイツ金融市場の約75％を占めるもっとも重要なセクターである。不動産抵当金融や住宅金融などをおこなうのが専門銀行グループであって，特定の業務に専念している。

　ユニバーサル・バンク型の金融機関のなかにはいわゆる「三本柱」といわれるグループが存在する。その三本柱とは，

①民間の金融機関である信用銀行（Kreditbanken）グループ，

②州政府や自治体などが所有していた公的部門の州立銀行・貯蓄銀行（Landesbanken・Sparkassen）グループ，

③セクター全体に占める資産量や貸出金シェアでは小さいものの，圧倒的な数を有する信用協同組合（Kreditgenossenschaften）グループ，

である。

　貸出金や総資産でドイツ金融界の最大のセクター（シェアは4割近い）である州立銀行・貯蓄銀行グループは，業務内容などをみても民間銀行と遜色のないサービスを提供しており，これら機関が発行する債券などを購入する投資家も世界的に増えてきている。

　しかし，2001年にEU競争委員会が，このグループは州政府や自治体による公的保証を裏づけとして有利な営業活動を展開しているという判断をくだしたことで，ドイツ政府は05年7月以降，これらの金融機関の発行する債券への公的保証を段階的に廃止した。その結果，多くの州立銀行や貯蓄銀行は，格付け機関による格下げに直面し，資金調達などにおいて不利になるため，合従連衡や再編，業務の多角化などが加速してきた。

　民間銀行では，世界的に知られているドイツ銀行やコメルツ銀行，ヒポ・フェライン銀行，ドレスナー銀行のいわゆるドイツの四大銀行は信用銀行グループに属する。四大銀行（とくにドイツ銀，ドレスナー銀，コメルツ銀の旧三大銀行）は民間銀行グループにおいて，またドイツ経済全体においても歴史的に重要な役割をはたしてきた。

2　証券市場とコーポレートガバナンス

(1) 資本市場振興策の遂行

　1990年に，本格的な証券市場の自由化の第一弾として「第一次資本市場振興法」が制定された。同法によって，

①株式・外債などに売買代金の0.25％，金融債・公社債に0.1％が課せられ

ていた有価証券取引税の廃止（91年1月実施），
　②資本投下税，手形税の廃止（92年1月実施），
　③従来は許可が必要であった民法による債券発行にかかる許可手続きの廃止，
　④EU投資信託指令（UCITS）の国内法化，
　⑤投資信託の対象の拡大，
などがおこなわれた。

　1994年7月には，EUの「投資サービス指令」の国内法化のために「第二次資本市場振興法」が制定された。同法は，ドイツの証券市場の透明性を高めるとともに，決済機能を強化することによって，ドイツの証券市場の国際競争力を強化し，機関投資家だけでなく個人投資家にも利用しやすい市場を作り上げようとするものであった。

　あらたに「証券取引法」が制定されたが，ここで，従来，ドイツではあまり明確に規定されていなかったインサイダー取引の規制が明文化されるとともに，証券監視機関として連邦証券取引監督庁が設立された。

　1998年3月には「第三次資本市場振興法」が制定された。「証券取引法」も改正されたが概要は，つぎのとおりである。
　①企業のディスクローズが簡略化されて外国語によるディスクローズも認められ，中小企業や外国企業による株式市場での資金調達が促進された。
　②「投資会社法」の改正によって，新しい形態の投資信託の認可と投資信託の運用の規制緩和などがおこなわれた。
　③「ベンチャーキャピタル（資本参加会社）法」の改正によって，株式会社形態だけでなく，有限会社や合資会社形態のベンチャーキャピタルも認められた。
　④「目論見書法」の改正により，投資家保護が強化された。

　2002年1月に「第四次資本市場振興法案」の政府草案が公表されたが，その中心は，「取引所法」と「証券取引法」の改正であった（『商事法務』No.1609）。同法案の概要は，つぎのとおりである。

　第一に，ドイツでは，相場操縦に関するものは「取引所法」で規定されてい

た。しかし，上場証券の相場操縦の規定だけでは不十分だったので，「取引所法」の相場操縦に関する規定が廃止され，「証券取引法」に移されることになった。

ここで，上場証券の取引だけでなく，店頭取引の証券についても，相場に重要な影響を与える情報に関して，誤った情報を提供するか，または法令に反して情報を提供しなかった場合，相場操縦として刑事罰の対象となった。

第二に，投資家保護の観点から，適時開示制度の充実がはかられた。すでに，「証券取引法」に適時開示の制度が導入され，違反した場合には，行政罰が科せられることになっていた。同法案では，開示しなかった場合だけでなく，開示内容が正しくなかった場合にも行政罰が科せられることになった。

第三に，従来，明確でなかった金融先物取引の字義規定が「証券取引法」に設けられ，市場や取引所での証券の相場，金利などにかかわるデリバティブ，為替先物，通貨スワップ，通貨オプション，オプション証券による取引が金融先物取引とされた。金融先物取引をおこなう場合の情報提供義務が「証券取引法」にさだめられた。

第四に，従来，外国の証券取引所がドイツで活動する場合には特別の許可を必要としなかったが，投資家保護の観点から，ドイツ国内での活動について「証券取引法」にもとづいて許可が必要とされるようになった。

第五に，証券取引の弾力化をはかるために，公認仲立人制度が廃止され，相場の決め方について取引所規則で多様な規定をさだめることができるようになった。

第六に，規制された市場への上場基準が緩和され，投資家への情報開示を前提として，従来，店頭取引の対象であった証券も上場できるようになった。

第七に，「投資会社法」が改正され，投資範囲や付随業務の範囲が拡大し，「販売目論見書法」が改正された。インターネットによる提供も可能となった。

「第四次資本市場振興法」は，2002年6月に成立した。

（2）コーポレートガバナンス

　ドイツにおける資本市場育成策が遂行されるなかで，コーポレートガバナンスも変化してきている。ドイツにおけるコーポレートガバナンスは，従来，企業の監査役会に参加している銀行がおこなってきたといわれている。

　日本と違って，株主総会では監査役が選出され，監査役会が取締役を選出する。監査役会は，株主，経営者，従業員，労働組合などの代表で構成される。監査役会が日常業務の執行機関である取締役会を選出するので，日本の監査役会などとくらべるとより強大な権限をもっているといわれている。

　従来，ドイツの大銀行は，多くの関連企業に監査役や監査役会長を派遣して，企業経営に大きな影響力をおよぼしてきた。これを補完してきたのが，原則として制限のない銀行による企業の株式保有，銀行に寄託された株式の議決権代理行使（寄託株式は，一定の手続きをとれば，一定期間は，銀行の判断で議決権を自動的に行使することができた）である。

　しかしながら，金融機関が監査役派遣によって企業の監視をおこなってきたといっても，企業経営をきびしくチェックすることはなく，さまざまな企業の不祥事を防止できなかったり，企業経営の悪化を放置してきたという批判が高まってきた。そこで，通貨統合を契機にして，ドイツにおけるコーポレートガバナンスのあり方についての議論が活発におこなわれるようになった。

　かくして，ドイツにおけるコーポレートガバナンス強化に関する改革が進行してきた。1995年には，5％を超える議決権株主の公表が義務付けられるとともに，銀行の株式保有が5％を超えるときには，従来のように，開示なしに自動的に寄託株式の議決権を代理行使することができなくなった。

　さらに，1998年5月に施行された「企業領域における監督および透明化のための法律」によって，ドイツにおけるコーポレートガバナンスの徹底のために「株式法」，「商法」をはじめ関連諸法の整備がおこなわれた。

　そうしたなかで，ユーロ導入を契機にしてドイツの大手金融機関は，「企業支配」が強すぎるという諸外国からの批判に対応すべく，保有株式を減らしたり，企業への派遣監査役の削減などに取り組み，ある程度はアメリカ型のコー

ポレートガバナンスの採用をおこなってきた。企業側も改革をすすめている。

たとえば，ダイムラー・クライスラーは，2001年10月に従来の監査役のほかに，社外経営者，識者，株主代表からなり，日常業務の執行機関である取締役会の監視や助言をおこなう任意の組織を設立した。これによって，アメリカのようなかたちで最高経営責任者による経営意思決定と遂行を迅速におこなうことができるようになるのではないかといわれている。

2002年2月には，「ドイツ・コーポレートガバナンス倫理指針」が公表された。この指針は，ドイツのコーポレートガバナンスを透明性があり外部からの把握を容易にしようとするものであって，ドイツの株式上場会社の経営執行と経営監視について，内外の投資家，顧客，従業員，市民の信頼性を高めようとするものである。

3　EU証券関係指令の国内法化

(1) 金融商品市場指令の国内法化

世界的な証券取引所の再編がすすむなかで，EUにおいては，1993年に制定された証券市場に関する基本指令である「投資サービス指令」が，2004年に大改正されて「金融商品市場指令（MiFID）」と衣替えした。

ドイツでは，「金融商品市場指令」の国内法化のために，「証券取引法」，「取引所法」，「信用制度法」などを改正する法律案が2006年9月に公表された（『商事法務』No.1783）。その概要は，つぎのとおりである。

第一に，MTF（多角的取引ファシリティ）についてである。ヨーロッパにおいてもMTFという民間の取引システムが活用されるようになってきている。ドイツでは，従来，「取引所法」で証券取引所類似施設として規定された。

「証券取引法」にMTFの規定がおかれた。すなわち，MTFは，多数の第三者の金融商品の売買にたいする関心を，システム内において，注文の執行に関する裁量の余地のないルールにより，集計し，契約にいたるものであるとされた。

第二に，顧客の注文を規制された市場やMTFの外部で組織的，システマティックに自己取引をおこなうものが，組織的な内部者とされ，その行為規範が規定された。組織的な内部者は，みずからが提供する株式について，拘束的な価格（気配値）を継続的に公表しなければならず，取引の単位となる株式数または金額をさだめなければならない。

第三に，証券業者は，顧客の注文執行が最良の結果となるようにするための基本原則をさだめなければならない。それは，金融商品の価格，執行に関する費用，執行のスピード，執行と決済の確実性，注文の種類などに関するものである。

第四に，証券会社の役職員の義務については，利益相反を回避するための措置を講ずることが義務付けられた。

（2）企業開示制度の改正

2004年制定のEUの「透明性指令」の国内法化のために，06年に「透明性指令の国内法化のための法律」案が作成された（『商事法務』No.1767）。EUの「透明性指令」では，上場企業は財務関係情報だけでなく，株主の権利についても幅広く株主に開示しなければならないとされている。これらの規定が「証券取引法」に盛り込まれ，上場企業は，

①すべての株主の平等な取り扱い，
②株主の権利行使に必要なすべての情報の開示，
③株主に関する情報の保護，
④株式に関してすべての必要な措置を講ずることができるような支払い場所としてのひとつの金融機関の指定，
⑤株主総会における委任状の書式の提供，

などの義務を負うことになった。

ドイツでは，「証券取引法」において株式の大量保有が規定され，議決権の5％を超える場合は開示しなければならない。これはEU指令でも同じである。しかしながら，ドイツでは，銀行による大量の株式保有による「企業支配」が

国際的に批判される傾向があるので，開示義務の比率がさらに下げられた。

というのは，株主が開示義務のない3％以上5％未満の議決権を有していても，企業に重要な影響力を行使している場合が多いからである。そこで，3％を超える株式を保有する場合，または従来3％の株式を保有していたものが，それを下回ることになった場合には，直ちに開示しなければならないことになった。

このような株式の大量保有に関する開示義務は，株式の形態をとったときにはじめて生ずるものであった。しかしながら，株式の先物取引やオプション取引などの金融商品の場合には，権利を行使すると突然大株主としてあらわれることになる。そこで，契約により，このような金融商品の保有者が，議決権を有する発行済み株式を一方的に取得できる権利を有する場合には，株式の大量保有として開示義務を負うことになった。

（3）投資法の改正

2003年にドイツの「投資会社法」と「外国投資会社法」が統合され，「投資法」が制定された。ドイツでは，投資会社（投信委託会社）は，「信用制度法」上の金融機関として，監督官庁のきびしい監督下におかれるとともに，自己資本比率規制が課せられている。

国際競争力強化の観点から，よりいっそうの規制緩和が必要であるが，その不可欠の前提は投資家保護の徹底である。そこで，2007年1月にドイツ財務省は，「投資法」改正案を公表した。その概要は，つぎのとおりである（『商事法務』No.1790, 1792）。

第一に，パブリック・プライベート・パートナーシップ（PPP）の資金調達のために，新しい投資ファンドであるインフラ・ファンドの規定が設けられた。インフラ・ファンドの投資対象となるのは，ⓐPPPプロジェクト会社の持分，ⓑ不動産，ⓒ有価証券，ⓓ短期金融証券，ⓔ預金，ⓕその他の投資信託，ⓖリスクヘッジのためのデリバティブ，などである。

投資対象となるPPPプロジェクト会社というのは，PPPの枠内で活動する

会社で，公共施設の整備や管理をおこなう企業である。投資対象となるのは，この会社がおこなうPPPがすでに施設整備を終了し，運営の段階にはいっている場合である。

 第二に，投資会社を金融機関監督の対象から除外して，「投資法」のなかに監督規定が導入された。それにともなって，投資会社に関するコーポレートガバナンスの規定が導入され，投資家保護が徹底される。

 投資会社が株式会社形態をとる場合，監査役の最低1人は，投資会社，投資会社のグループ企業，取引相手などから独立し，投資家の利益を代表するものを株主のなかから選任しなければならない。

 コーポレートガバナンスの強化のために，ⓐ適切なリスク管理体制，ⓑ従業員の雇用についての適切なルールの制定，ⓒ投資会社自身の金融商品への投資に関する適切なルールの制定，ⓓネット取引などの適切なセキュリティの確保，ⓔ執行された取引の厳密な記録，ⓕ投資家財産の約款どおりの管理・運用を確保するための内部監査体制，などが構築されなければならない。

 第三に，投資受益証券の寄託銀行の役割が重視された。寄託銀行は，投資家保護の役割が課せられるとともに，「投資法」上の規制遵守の監視権限が与えられる。そのため，寄託銀行は，投資会社と同一グループに所属してはならない。

 第四に，会社型投資信託の一種である投資法人の制度が導入された。投資法人の株式は，ⓐ設立にさいしてあらかじめ出資しなければならない企業株式，ⓑ投資法人としての登記がなされたのちにのみ発行できる投資株式，の二種類に分けられる。ⓐは株主総会での議決権を有するが，ⓑは議決権をもたない。このように分けると，会社型投資信託として，投資家の需要に応えやすくなる。

 第五に，不動産投資信託が，安全性指向投信と利回り指向投信のふたつに分けられることになった。安全性指向投信というのは，投資をおこなう更地の対象が，開発計画の申請がおこなわれており，建設後の建物について，その80％以上使用する契約が締結されていることが投資の条件となる投信である。利回り指向投信というのは，開発計画の申請がすでにおこなわれていれば投資の

対象となる投信である。

　不動産投信の場合には，流動性の問題があるので，いつでも投資家の解約に応ずるということはできない。そこで，投資会社は，約款で解約の期日に関する制限を設けることができる。こうして，投資信託を分けて，投資家に投資対象を明確にすることで，投資家保護がはかられるようになった。

第17章
信用制度法の改正と金融機関

1 信用制度法の変遷

(1) 信用制度法

1929年の世界恐慌とそれにつづく銀行恐慌は、ドイツにおいても多くの銀行を倒産させた。そのような事態を繰り返さないために、包括的な銀行監督のための法令として1934年に旧「信用制度法（Reichsgesetz über das Kreditwesen）」が制定された。

同法は、何度か改正されて1961年まで効力を有し、62年に施行された現行の「信用制度法（Gesetz über das Kreditwesen）」に引き継がれた。

それまでは、銀行監督は、州政府の所管となっていたが、新「信用制度法」の制定によって、銀行監督機関として旧連邦銀行監督庁が旧西ベルリンにあらたに設立された。

「信用制度法」はすべての銀行に効力をもつが、他方で、「抵当銀行法」や「投資会社法」などのように専門銀行に適用される特別法も存在する。住宅ローン業務をおこなう民間の建築貯蓄金庫は、「信用制度法」でいう金融機関ではなかったが、1973年に制定された「建築貯蓄金庫法」が同法の特別法として制定されることによって金融機関として認められ、旧連邦銀行監督庁の監督下におかれることになった。

ドイツ政府は1996年12月、「投資サービス指令」および銀行と証券会社に共通の自己資本規制と大口融資規制をさだめた「資本充実指令」のそれぞれの国内法化を目的とした第六次「信用制度法」改正案を議会に提出し、97年に

施行された。

「信用制度法」の第六次改正は，ドイツにおける資本市場振興策の一環としておこなわれたものであるが，同法は，それまでの銀行を中心とした業法という側面から，金融サービス全般をカバーする包括的な金融機関監督法に衣がえした。

さらに，2003年2月に発効したEUの「金融コングロマリット指令」にもとづいて，「信用制度法」が大改正された。第七次改正である。

(2) 信用制度法の改正

「信用制度法」は，現在まで七回の大きな改正がおこなわれた。最初の大きな改正は，国際金融市場を震撼させた個人銀行・ヘルシュタット銀行の倒産をきっかけとして1976年におこなわれた第二次改正である。この改正の概要は，

①銀行監督をさらに強化する，
②法人格をもたない個人銀行の新規設立を制限する，
③単一顧客向け融資を責任自己資本の75%に制限する，
④大口融資の上位5社の合計を自己資本の3倍以内とする，
⑤顧客保護を充実する，

というものであった。

ドイツでは，ヘルシュタット銀行の倒産以前から，預金者の預金保護を充実すべきであるといわれてきたが，法改正によって，信用銀行（商業銀行），貯蓄銀行，信用協同組合の預金者保護基金が拡張され，預金保護制度に参加していない金融機関は，その旨を明確にしめさなければならなくなった。新「預金保証・投資家補償法」によって，預金者および投資家にたいする法定最低保証がさだめられた。

1970年代から80年代にかけて金融国際化が進展したが，連邦銀行監督庁には銀行の過度の国際活動に関する監督権限がなく，金融システムが危険なものとなった。そこで，1984年に「信用制度法」第三次改正がおこなわれた。審議を促進したのは，前年に発生したヨーロッパ最大手の建設会社の倒産で個人

銀行が経営危機におちいった事件であった。

第三次改正の概要は，

① 40％以上の資本参加をおこなっている下位の金融機関，抵当銀行，リース会社を連結決算の対象にする，

② 大口信用供与全体の合計額は責任自己資本の 18 倍以下（信用総額規制），単一顧客にたいする大口信用供与限度額を責任自己資本の 50％ に制限（単一顧客あたりの信用限度規制）する，

③ 信用総額規制は 6 年間，単一顧客あたりの信用限度規制は 5 年間の経過期間を認める，

というものであった。この改正によって，従来は監督当局に監督権限のなかった銀行の在外銀行子会社や資本参加金融機関にも法の網がかけられることになった。

1992 年に第四次改正がおこなわれ，銀行監督にとって重要な位置を占める自己資本概念が EU 指令と調和された。この自己資本規制は第六次改正で証券会社にも適用された。

そのほか，EU 指令の国内法化のために多くの改正がおこなわれ，銀行の原籍国主義（シングル・パスポート）導入の前提が作り上げられた。その後，EU 加盟国のいずれかの国で銀行免許を取得した金融機関は，ドイツで金融業務をおこなう場合，連邦銀行監督庁からあらたに銀行免許を取得する必要がなくなった。

1994 年に第五次改正がおこなわれ，リスクを含む信用供与が具体的に定義されるとともに，リスクの高い信用供与が制限された。

1997 年の第六次改正で銀行・金融サービスについて EU 基準との調和がなされ，銀行・証券商品だけでなく，そのほかの金融サービスも連邦銀行監督庁の監督下におかれることになった。自己資本の充実や大口融資規制は，銀行業と金融サービス業にも適用されることになった。

連邦銀行監督庁は，従来，自己資本に関する原則 1 （信用リスクに関する規制）と原則 1 a（市場リスクに関する規制）をさだめていたが，このふたつの規

制を信用リスクと市場リスクを統合した自己資本規制とし，銀行だけでなく金融サービス業にも適用されることになった。

その後，2002年5月に銀行・証券・保険に関する金融監督官庁が統合されて，連邦金融サービス監督庁が設立されるとともに，EUの「金融コングロマリット指令」にもとづいて金融コングロマリット関連の法改正など数度の改正がかさねられた。

2006年11月には，同年6月に欧州議会で成立したEU指令2006/48/EGおよび2006/49/EGにもとづいて，新自己資本比率規制であるバーゼルⅡ導入をふくむ改正がおこなわれた。

現行「信用制度法」の概要をみてみよう。

2　金融機関と金融商品

(1) 金融機関等の定義

「信用制度法」における「金融機関」というのは，つぎにしめす信用機関と金融サービス機関をふくむ概念である。「信用制度法」では，このほかに金融関連企業，関連サービス提供業者も定義されている。

ユニバーサル・バンク・システムのもと，ドイツの金融機関は，銀行業務と証券業務を兼営し，さらに子会社をつうじて投資業務，建築貯蓄業務，保険業務なども手掛けている。これらの業務を営む金融機関は，すべて「信用制度法」の適用を受ける。

(2) 信用機関

「信用制度法」では，つぎの業務が銀行業務として定義され，これらの業務を営む企業が「信用機関」とよばれる。

　①利子支払いの有無にかかわらず，払戻請求権が無記名もしくは指図式債務証書に証券化されずに，他人の金銭を預金として受け取ることまたは公衆の払い戻し可能な金銭を受け取ること（預金業務）

②抵当証券法第1条(1)第二文にしめされている業務（抵当証券業務）
　③金銭貸付および引受信用を供与すること（信用業務）
　④手形および小切手を買い取ること（割引業務）
　⑤自己名義でおこなう他人勘定での金融商品を売買すること（手数料業務）
　⑥他人のために有価証券を保管・管理すること（証券寄託業務）
　⑦「投資法」第7条(2)にしめされた業務をおこなうこと（投資信託委託業務）
　⑧貸付債権を満期前に取得する義務を引き受けること
　⑨他人のために信用保証，瑕疵担保補償を引き受けること（保証業務）
　⑩振替勘定取引および決済取引を遂行すること（振替業務）
　⑪自己のリスクで金融商品の発行・引受けあるいは同価値の保証の引受けを
　　おこなうこと（発行業務）
　⑫電子マネーの発行および管理（電子マネー業務）
　⑬中央清算機関（CCP）による業務
　これらが銀行業務であるが，信用機関のなかでも，①預金業務と③信用業務
をおこなう機関は預金信用機関とよばれている。
　電子マネー業務しか営まない信用機関は電子マネー機関とよばれる。
　ただし，ドイツ連邦銀行，復興金融公庫，社会保険機関・連邦労働機関，私
法上・公法上の保険会社，質屋業，企業出資会社として認可された企業，母体
行や子会社・兄弟会社と共同で銀行業を営む企業，デリバティブを扱う取引所
内で会員向けに金融仲介業務をおこなう企業などは信用機関に該当しない。

（3）金融サービス機関

　信用機関以外の機関で，つぎに定義された「金融サービス業務」を営む機関
は，「金融サービス機関」とよばれる。
　①金融商品の売買を仲介をすること（投資仲介業務）
　②他人名義による他人勘定での金融商品を売買をすること（取引仲介業務）
　③他人のために金融商品を個別管理すること（ポートフォリオ管理業務）
　④他人のために自己勘定で金融商品を売買すること（ディーリング業務）

⑤EU域外または欧州経済領域（EEA）外の企業のためにおこなう預金業務を仲介すること（域外国との預金仲介業務）

⑥支払い委託を実行すること（金融トランスファー業務）

⑦外貨を売買すること（外貨業務）

⑧クレジットカードおよび旅行小切手を発行・管理すること（クレジットカード業務）

（4）金融商品の定義

「信用制度法」における「金融商品」には，有価証券だけでなく，短期金融市場商品，外国為替，デリバティブなどもふくまれる。

　有価証券というのは，必ずしも証券形態で発行されている必要はなく，株式，株式の代わりとなる証書（預託証書），債券，受益証券，オプション証券，その他，株式，債券に類似したもののうち，市場で取引される有価証券，国内外の投資会社によって発行された持分証書などである。

　短期金融市場商品というのは，上記の有価証券には該当しないもので，通常，短期金融市場で取引されている債券などの金融商品である。

　デリバティブというのは，定期取引またはオプション取引の形態をとる先物取引で，その価格が直接・間接に，有価証券・短期金融市場商品・商品・貴金属の取引所価格・市場価格，外国為替相場，金利などによって決定されるものである。

　ただし，ドイツ連邦銀行，復興金融公庫，公債の公的管理機関，私法上・公法上の保険会社，母体行や子会社・兄弟会社と共同で銀行業を営む企業，自社または関連企業の従業員出資制度の管理に限定された金融サービスをおこなう企業，デリバティブを扱う取引所内で会員向けに金融仲介業務をおこなう企業，職務の枠内の一部として金融サービスを提供する公法上の職業団体，原材料取引をおこなう企業がその業務に必要な場合にかぎり取引先にのみ提供する金融サービスをおこなう企業，外貨業務が主要業務でなく唯一の金融サービスが外貨取引である企業，などは金融サービス機関に該当しない。

金融機関のなかで，銀行業務のうち⑤手数料業務および⑪発行業務，または金融サービス業務のうち①〜④（投資仲介，取引仲介，ポートフォリオ管理，ディーリングの各業務）を営むものは証券取引会社とよばれる。

（5）金融関連企業

金融機関（信用機関または金融サービス機関）以外で，主としてつぎのことに従事する企業は「金融関連企業」とよばれる。
　①資本参加をすること
　②対価をえて金銭請求権を取得すること
　③リース契約を締結すること
　④自己の計算で金融商品を取引すること
　⑤金融商品への投資について他人に助言すること（投資顧問業務）
　⑥資本構成，事業戦略，企業買収・合併などについて企業に助言をすること，および企業にたいしてサービスを提供すること
　⑦銀行間貸付を仲介すること（マネーブローカレッジ業務）

（6）関連サービス提供業者

金融機関でも金融関連企業でもなく，その主要業務が不動産管理，計算センター業務などの金融機関の主要業務に関連した支援活動である企業は，「関連サービス提供業者（旧・銀行関連支援企業）」と定義されている。

3　信用制度法の概要

（1）金融持株会社と混合金融持株会社

金融持株会社というのは，ひとつ以上の預金信用機関，電子マネー機関，証券取引会社，または資本投資会社を子会社としてもち，例外なくまたは主として金融機関または金融関連企業しか子会社としてもたず，かつ混合金融持株会社でない金融関連企業をいう。

混合金融持株会社というのは，被監督金融コングロマリット企業ではなく，国内もしくは欧州経済領域に住所のあるひとつ以上の被監督金融コングロマリット企業をふくむ子会社群，およびその他の企業とともに金融コングロマリットを形成している親会社をいう。

（2）被監督金融コングロマリット企業

被監督金融コングロマリット企業というのは，コングロマリット所属の預金信用機関，電子マネー機関，証券取引会社，元受保険会社，資本投資会社，またはその他の資産管理会社をいう。

（3）金融コングロマリット

つぎのような企業グループは，「信用制度法」で「金融コングロマリット」とされる。

①親会社，その子会社，および当該親会社または子会社により出資を受けている企業からなるもの，またはひとつの水平的企業グループに統合化された企業群からなる企業グループ

②「被監督金融コングロマリット企業」がその頂点に立っており，そのさい，これが，金融部門の企業の親会社である，金融部門の企業に出資を保有する企業である，または，銀行および有価証券サービス部門または保険部門のほかの企業とともに水平的企業グループに統合化されている企業である企業グループ。なお，被監督金融コングロマリット企業が当該グループの頂点にいなくても，当該グループがこれらの企業のひとつ以上を子会社として有し，同グループが「主として金融部門で活動」しているならば，「金融コングロマリット」と定義

③ひとつ以上の保険部門の企業，ならびに銀行およびひとつ以上の有価証券サービス部門の企業が所属している企業グループ

④当該グループの諸企業の連結もしくは合計した事業，または連結かつ合算した事業が，保険部門でも銀行および有価証券サービス部門でも「甚大」

である企業グループ

　また，①で意味するグループの下部グループも，これ自体が①〜④までによる諸前提をみたすときは，「金融コングロマリット」に該当する。

（4）証券取引所と先物取引所

「信用制度法」でいう「証券取引所または先物取引所」というのは，証券市場または先物市場であって，国が認定した部署による規制および監視を受け，定期的に開催され，公衆にたいし直接的または間接的に開かれているものをいう。

　また，これらの市場における業務の履行を保全するためのシステムであって，国が認定した部署による規制および監視を受けるもの（クリアリング部署）をもふくむ。

（5）金融機関の開業（主要出資・免許取得）

　金融業務を営む方法として，
　①既存の金融機関に出資し影響力をもつ方法，
　②新規の金融機関を設立する方法，
があげられる。前者に関しては，主要出資者にたいする諸規定が適用される。

　新規に金融機関を設立するさいには，連邦金融サービス監督庁からの免許取得が必要であり，監督庁は場合によっては当該免許を取り消すことができる。

（6）免許取得に関する規定

　ドイツ国内で信用機関と金融サービス機関として金融業務を営もうとする者は，連邦金融サービス監督庁から書面による免許を取得しなければならない。免許申請には，つぎの要件が必要とされる。
　①営業に必要とされる適切な資金の証明
　②業務執行者の申告
　③申請人および業務執行者の信頼性を判断するのに必要な申告

④銀行・金融サービス会社の計画された業務，組織構造，計画された内部管理方法などの確固とした業務計画
⑤当該機関にたいして重要な出資がある場合，出資者，出資額，出資者の信頼性を判断するための記載情報
⑥当該機関と密接な関連のある自然人または企業についての記載情報

（7） 免許の失効・取消

交付後1年以内に利用されない免許は失効する。当該金融機関が賠償機構から除名されたときも免許が失効する。そのほか，つぎのときに，連邦金融サービス監督庁は，「行政手続法」の規定によって免許を取り消すことができる。
①免許にかかわる営業が6カ月を超えておこなわれなかったとき
②信用機関が単独商人の法形態で営まれるとき
③免許拒絶を妥当とするような事実が監督庁に知れたとき
④破産手続きが開始されているか，または，金融機関がその債権者に負う義務の履行にたいする，とくに当該金融機関にゆだねられた財産価値の安全性にたいする脅威が存在しかつ当該脅威が「信用制度法」によるその他の措置では除去できないとき
⑤証券取引会社の自己資金が不足するとき
⑥当該金融機関が「信用制度法」や「証券取引法」の施行のために公布された命令または指令のさだめるところにたいして慢性的にそむいたとき

（8） 自己資本比率規制

金融機関，金融機関グループ，金融持株会社グループは，債権者にたいする義務を履行するため，とくに委託された資産価値の保全のために，十分な自己資金をもたなければならない。

自己資金は，中核的資本と補完資本からなる責任自己資本および第三順位資金からなる。

中核的資本というのは，払い込み済みの出資金および準備金などから簿上損

失および無形財産物などを控除したものである。補完資本というのは,「商法典」第340f条にもとづく積立金,優先株,「所得税法」第6b条にもとづく準備金の100分の45,受益権債務,長期劣後債務,未実現積立金の一部などからなる。責任自己資本を算定するさいには,補完資本は各資本の金額まで算定することができる。

　第三順位資金は,取引帳簿を差し引き計算すれば生ずるはずの純利益と短期劣後債務などからなっている。第三順位資金は,一定種類のリスクにたいして,中核資本との固定比率でのみ参入することができる。第三順位資金というかたちで第三の自己資本範疇が導入されたのは,金融機関の市場リスク,外国為替・商品リスクを自己資本に反映させるためである。

　なお,金融コングロマリットも同様に,全体として妥当な自己資金をもたなければならない。

(9) 流動性規制

　金融機関は,いつでも十分な支払い準備が保証されているようなかたちで,資金を投資しなければならない。

　信用機関の流動性は,貸借対照表の借方勘定における長期または短期の投資と,貸方勘定における融通資金との間に,あらかじめさだめられた比率を設けることで保証される。詳細は,連邦金融サービス監督庁がドイツ連邦銀行と共同で作成した,信用機関・金融サービス機関の自己資金と流動性についての原則にさだめられている。

(10) 出資規制

　預金信用機関は,信用機関,金融サービス機関,金融関連企業,保険会社,銀行関連支援企業でない一企業にたいして,預金信用機関の責任自己資本の100分の15を超えて出資することはできない。

　預金信用機関による,信用機関,金融サービス機関,金融関連企業,保険会社,関連サービス提供業者でない企業にたいする総出資額は,当該預金信用機

関の責任自己資本の100分の60を超えてはならない。

(11) 大口信用の届け出義務

　一信用受入者への信用で，総額が信用機関，金融サービス機関の責任自己資本の100分の10を超えるもの（大口信用）は，遅滞なくドイツ連邦銀行に届け出なければならない。

　連邦金融サービス監督庁の同意なく，一信用受入者への信用総額が信用機関，金融サービス機関の責任自己資本の100分の25（大口信用個別上限）を超えて信用を供与してはならない。

　連邦金融サービス監督庁の同意なく，大口信用総額が信用機関，金融サービス機関の責任自己資本の8倍（大口信用総額上限）を超えて信用を供与してはならない。

　また，信用機関，金融サービス機関，金融関連企業は，四半期ごとに150万ユーロ以上の債務を負った信用受入者をドイツ連邦銀行に届け出なければならない。

(12) 情報照会・検査

　金融機関およびその内部組織の構成員，ならびに被用者は，連邦金融サービス監督庁がその任務の遂行のさいにもちいるところの人員および諸機構，ならびにドイツ連邦銀行にたいし，要請あり次第，業務関連事項のすべてについての照会情報を与え，証拠書類を呈示しなければならない。

　連邦金融サービス監督庁は，特別の要件がなくとも，諸金融機関の検査にとりかかり，当該検査の遂行をドイツ連邦銀行に委任することができる。これは金融機関が実質的な領域を外注化した先の企業もふくむ。

　連邦金融サービス監督庁の職員，ドイツ連邦銀行，ならびに，監督庁が検査の遂行のさいにもちいるそのほかの人員は，このために通常の営業時間および業務時間内において当該金融機関の職場に立ち入って検査することができる。

　連邦金融サービス監督庁およびドイツ連邦銀行への情報提供および証拠書類

提出の義務は，主要出資者にもおよぶ。

(13) 連邦金融サービス監督庁

「信用制度法」の規定にもとづき連邦金融サービス監督庁は，諸金融機関の監督をおこなう。同庁は，諸金融機関にゆだねられた財産価値の安全性を脅かし，銀行業務・金融サービスの正規の遂行を侵害し，または，経済全体に甚大な不利益を与えかねない信用・金融サービス制度における弊害に，対抗しなければならない。

連邦金融サービス監督庁は，与えられた任務の範囲内で，金融機関およびその業務執行権者にたいし，監督法上のさだめにたいする違反を阻止し，または，当該金融機関にゆだねられた財産価値の安全性を脅かす可能性があるか，または銀行業務もしくは金融サービスの正規の遂行を侵害している当該金融機関内の弊害を防止または排除するために，適切かつ必要な命令をくだすことができる。

金融機関が受け入れた預金，金融機関に委託されているそのほかの財産価値，金融取引が，テロリスト団体の資金融通に資するという事実，または，金融取引の遂行の場合については資するかもしれないということを推定させる事実が存在するとき，連邦金融サービス監督庁は，

①金融機関の業務執行者への指図，

②当該金融機関にたいする管理している口座または寄託物の処分を禁止，

③当該金融機関にたいするその他の金融取引の遂行を禁止，

することができる。

連邦金融サービス監督庁とドイツ連邦銀行は，「信用制度法」の基準に依拠して協力する。当該協力には，さらなる法律上の基準を害することなく，ドイツ連邦銀行による金融機関の経常的監視もふくまれる。

連邦金融サービス監督庁およびドイツ連邦銀行は，金融コングロマリットの検査および監督のさいに，その他の欧州経済領域の担当部署と協力する。

連邦金融サービス監督庁が必要とする費用は，賦課金として諸金融機関がまかなうことになっている。詳細規定は「賦課金命令」でさだめられている。

第18章
ドイツ銀行とポストバンク

1 ドイツ銀行の事業再編

(1) リテール戦略の転換

　ドイツ銀行は，ヨーロッパ最大規模のユニバーサル・バンクで，民間銀行である。

　ドイツ銀行は，1980年代末に生命保険会社に参入するために自前の生命保険子会社・ドイツ銀行生命を設立した。当初は，ドイツ銀行の顧客を中心に保険契約者が増加したが，それが一段落すると保険への加入者は伸び悩んだ。幅広いノウハウと顧客層をもつ既存の生命保険会社と競争して新規顧客を開拓するのは，それほど簡単なことではなかったからである。そこで，ドイツ銀行は，提携生命保険会社の保険商品を販売する路線に転換した。

　ユニバーサル・バンクは，あらゆる金融サービスを提供できるが，そのことは，逆にいえば，広く浅くしか金融サービスを提供できないということでもある。だから，じつは，ユニバーサル・バンクといえどもあくまで銀行なので，実質的には，銀行業務を優先し，国際投資銀行業務というのはそれほど国際競争力のあるものではなかった。

　ドイツ銀行は，企業金融や株式保有などによるドイツの企業との密接な連繋によって，国内証券業務が強かっただけにすぎなかった。

　そうしたなかで，欧州統合の進展につれて，国際投資銀行業務の強化がさけばれた。そのため，ドイツ銀行は，1989年にイギリスのマーチャントバンクであるモルガングレンフェルを買収して補強策をとった。しかし，この買収は

成功したとはいいがたかった。

そこで、ユーロ導入にあたって、ドイツ銀行は、投資銀行部門強化の組織大改革に着手した。それは、ドイツ銀行本体の業務を投資銀行業務に特化させ、そのほかの業務は子会社にまかせ、その経営・管理に徹するというものである。

(2) 事業再編の開始

1993年、ドイツ銀行に激震がはしった。旧ダイムラー・ベンツが、アメリカでの業務拡大と資金調達機会の多様化をめざしてニューヨーク証券取引所に上場したとき、その主幹事がメインバンクであるドイツ銀行ではなくアメリカの投資銀行だったからである。98年にクライスラーと合併したさいもイニシアティブをとれなかった。

ドイツ銀行は、投資銀行業務部門の抜本的強化を断行しなければ、アメリカの投資銀行に顧客を根こそぎ奪われてしまうという恐怖感におそわれた。

ユーロ導入がヨーロッパにおける事実上の金融ビッグバンの役割をはたしたことも大きい。巨大な単一通貨圏の登場で膨大なビジネス・チャンスが生まれるということは、ここでの収益拡大をもとめて熾烈な競争が展開されるということを意味していたからである。経営の合理化・効率化、金融規制緩和を断行しなければ、加盟国の企業も敗北を余儀なくされる。

そこで、1999年に事業持株会社方式による金融業務の再編がおこなわれた。ドイツ銀行本体は投資銀行業務に特化したので、投資銀行部門に年俸制・成功報酬制度を導入して優秀な人材をあつめることができるようになった。アメリカでの投資銀行業務の強化のために、同年、アメリカの投資銀行・バンカーストラストを買収した。

日常的なリテール銀行業務は子会社に移した。あらゆる金融業務を本体で取り扱ってきたユニバーサル・バンクが金融業務の事実上の分業システムに大転換したことは、特筆にあたいする。ドイツ銀行は、さまざまな企業の株式を大量に保有していたが、それが企業支配の元凶だと批判されたので、保有株式も資産運用子会社に移した。

ドイツ銀行は，2002年に不動産部門，リース部門，保険部門の大半を売却した。また，金融決済業務部門をポストバンクに移管した。その半面で，ヘッジファンド事業やデリバティブ，クレジット・トレーディングなどの新分野に進出し収益拡大をめざした。そこで，03年にドレスナー銀行の証券保管事業を買収した。それは，ドイツ国内証券保管事業での優位性を確保するだけでなく，デリバティブ取引にかかわる国内外金融機関のための決済・保管・事務管理業務が必要になったからである。

2005年初頭にドイツ銀行は，法人・機関投資家向け業務の強化のために，もう一段の事業部門の再編をおこなった。

コーポレート・バンキング・アンド・セキュリティーズ部門の株式・債券の各セールス・トレーディング業務が統合され，グローバル・マーケッツ部門に一本化されたので同部門は，株式と債券全般にわたる包括的な金融サービスの提供ができるようになった。

グローバル・コーポレート・ファイナンス部門とグローバル・バンキング部門を新設のコーポレート・ファイナンス部門に統合し，法人顧客にたいする窓口が一本化された。

法人・機関投資家向け業務のうちクレジット・デリバティブ，ハイ・イールド債，証券化商品，金利デリバティブなどの付加価値の高い仕組み商品での増収がめだっている。

（3）企業との連繋

銀行が企業株式を大量に保有していることが，アメリカあたりから槍玉にあげられた。そこで，ドイツ銀行は，1998年に保有する膨大な株式を資産管理子会社DBインベスターに移した。投資有価証券ではなく，商品有価証券として保有し，株価があがらないとか，配当が少なく収益拡大に貢献しなければ売却するという経営戦略に大転換した。

2002年に非中核事業からの撤退と保有事業株式会社株式の売却を決定した。DBインベスターは，保有する上場株式の処分をおこなった。とくに，株式を

持ち合っていたミュンヘン再保険，ドイツ証券取引所，ブデルス，コンチネンタルなどの株式を売却した。

2002年に保有事業株式会社株式の時価総額は，前年の約154億ユーロから約56億ユーロに減少した。それは，景気の低迷による収益補塡のほか，リスク資産の圧縮による自己資本比率の引き上げのためであったが，税制改正も影響している。2002年初頭に，企業が1年以上保有した国内企業の株式売却益（キャピタル・ゲイン）への課税が廃止されたことで，持ち合い株式や企業が保有する株式の放出が促進された。

保有株式の圧縮のおかげでコアの自己資本比率は，前年の8.1％から9.6％に上昇した。2003年・04年もポートフォリオの圧縮をつづけた。

コーポレートガバナンスは，企業に監査役を派遣している銀行がおこなってきた。しかし，いくつかの企業の不祥事を見逃したという批判にさらされた。そうしたなかで，銀行保有の企業株が放出され，銀行と企業の連繫が希薄化している。ただ，支払い・決済業務，融資，監査役派遣などをつうじて，銀行のメインバンク機能はそれほど低下していない。

昨今では，銀行がおこなってきたコーポレートガバナンスを，機関投資家がおこなうようになっている。ドイツ銀行の場合，投資信託子会社・DWSがおこなっている。DWSは，投資先の各企業から戦略的事項，収益状況と見通しなどについて，少なくとも年1回は報告やプレゼンテーションをおこなわせ，株主総会に参加して発言することもあるという。

DWSは，ダイムラー・クライスラーが1990年代に導入した経営陣を対象にしたストック・オプションが，権利行使まで通常3年も待たなければならなかったので，制度を柔軟で効果的なものにするように圧力をかけた結果，ダイムラー・クライスラーもそれに従った。ジーメンスには，事業分野があまりにも多様化していたので，コアビジネスに集中するようにつたえた結果，部分的にコアビジネスに特化するようになった。

2　公的金融機関の民営化

(1) EU の対応

　支配的な銀行セクターである貯蓄銀行などの公的金融機関は，政府・地方自治体から数々の公的支援を受けているが，公的支援は，自由な競争を阻害すると批判されてきた。

　それは，EU の設立条約において，公正な競争を促進するために，民間企業であろうと公的企業であろうと問わず，政府や地方自治体が特定の企業を優遇して競争原理をゆがめ，加盟国間での商取引に悪影響をおよぼすような行為が禁止されていることも影響している。

　しかし，たとえば，社会政策的な観点からおこなわれる消費者個人にたいする援助，加盟国間の経済取引を阻害しないような分野での経済活動を発展させるための援助，深刻な経済不振を改善するための援助などについては，例外的に国家的なサポートが許容されていた。

　具体的には，1980 年 6 月 25 日に出された欧州委員会の指令で，複雑で不透明になりがちな政府と公的企業との間の財政面での関係の透明性を確保することが不可欠であるとされた。同指令では，政府が公的企業におこなう直接・間接の財政支援の内容やその資金使途が明確になるような措置をとることを加盟国に義務付けている。

　同指令では，公的金融機関は，すべて指令の対象外とされていたが，1985 年の改正で政府による財政援助の条件が一般の市場取引における条件に準じている場合にのみ公的金融機関が対象外にされた。

　このように，指令の適用範囲が次第に拡張されるようになり，国家による公的金融機関への援助にたいして欧州委員会の対応がきびしくなっていった。

(2) 公的支援の廃止

　ドイツでは，従来から，連邦政府も州政府も公的金融機関の民営化には消極

的であった。とくに，貯蓄銀行の上部機関であるドイツの州立銀行は，州政府の債務保証があるので市場において民間銀行よりも有利に資金調達ができた。これを武器に国際業務をおこなうので民間銀行とくらべて競争上有利であるといわれてきた。

そこで，1994年にドイツの民間銀行は，この州立銀行への公的支援をやめさせようとして欧州委員会に提訴した。その後，1999年1月の欧州通貨統合の開始と前後して，欧州委員会によるEU加盟国における経済政策の決定権限が強化されたこともあって，公的支援の廃止についての議論が活発化した。

こうしたなかで，欧州委員会は1999年7月に，州立銀行への財政援助のうち，市場条件よりも有利とみなされる資金を州政府に返還するように要求するとともに，州政府・地方自治体による公的金融機関への債務保証を撤廃することをドイツ政府に要求した。そこで，ドイツ政府と欧州委員会の間で交渉がつづけられ，2001年7月に合意が成立した。

この合意によって，州政府などの地方自治体によるドイツの公的金融機関への債務保証が2005年7月までに撤廃されることになった。

ただし，公的性格を有する金融機関とはいえ，州立銀行や貯蓄銀行のように州政府・地方自治体による金融支援や債務保証がなく，たんに政府保証による債券発行をおこなうだけの復興金融公庫は若干事情が違っていた。というのは，復興金融公庫は，州立銀行や貯蓄銀行とは異なる特殊な金融業務をおこなっているからである。

復興金融公庫については，2001年夏以降，ドイツ政府と欧州委員会との間で交渉がおこなわれ，02年4月に合意が成立した。

合意によれば，同公庫が唯一，借り手に直接融資をおこなってきた輸出金融とプロジェクトファイナンス業務の一部については，現状の業務のなかで公的経済振興策をになうと判断ができないとされた。したがって，政府保証という連邦政府による事実上の補助金によっておこなう業務としては適当ではなく，民業圧迫に相当するので，おそくとも2007年末までに廃止または法的に独立した子会社に移管することになった。

3 ポストバンク

(1) ポストバンクの設立

　ドイツでは，はやくから貯蓄銀行システムが発達して，庶民金融を手掛けてきたこともあって，郵便貯金制度が創設されたのは，ヨーロッパ諸国のなかでも比較的おそく，1939年のことであった。ドイツの従来の郵便貯金であった郵便振替・貯蓄局 (Postgiro-und Postsparkassenamter) は，ドイツ連邦郵便 (Deutsche Bundespost) の機関であったが，「信用制度法」にいう金融機関ではなかった。

　とはいえ，金融政策における最低準備率が適用されるとともに，ドイツ連邦銀行の金融統計にふくめられ，ドイツの金融システムで重要な役割をはたしていた。ただ，1988年1月における全銀行グループの総資産に占める比率は1.6％であって，あまり大きなシェアをもっていなかった。

　ドイツでは，郵便貯金・為替業務は，電気通信や郵便とともに，連邦郵電省が直接運営してきたが，1987年に電気通信制度に関する政府諮問委員会が，郵政三事業を郵電省から分離して公社化する案を提出した。この公社化案は，電気通信事業の事業主体と監督主体の分離を提言した欧州委員会の「電気通信の共通市場形成に関する報告書（グリーン・ペーパーとよばれている）」を受けて出されたものである。

　この郵政事業を分離して公社化する案に，つぎのようなさまざまな反対論が出された。
　①公社化は社会福祉国家の理念に反する。
　②三事業を分割すると一体的経営による規模の経済性が失われる。
　③黒字の電気通信事業からの利益の補塡ができなくなり，郵便事業と郵便貯金事業の経営が悪化する。
　④国営企業の民間企業への料金抑止機能が失われる。
　こうした反対論があったものの，1989年5月に「ドイツ連邦郵便経営基本

法（第一次郵電改革法）」が成立した。

　同法で郵便，郵便貯金，電気通信の事業主体になる公共企業体（連邦特別財産とよばれる）としてのドイツ連邦郵便が，郵便，ポストバンク，テレコムの三事業に分割され公社化された。これらは，公共事業体として，経営，会計，人事を独立しておこなうが，連邦郵便としての一体性は維持され，たとえば資金調達などは従来どおり連邦郵便がおこなった。

　公社化されたポストバンクは，主として個人の貯金受入れや振替を中心におこなう非営利の貯蓄金融機関として業務活動をさらに強化していったが，収支の均衡と旧東ドイツ地域で金融サービスを拡大するために，経営の改善がもとめられた。

　具体的には，たとえば，現金業務や振替業務などの不採算部門の合理化と見直し，貯蓄預金だけでは競争に勝てないので，幅広い金融業務への進出などが必要となった。

（2）第二次改革

　1995年1月に「郵便・通信再生法（第二次郵電改革法）」が施行され，100％政府出資の持株会社のもとで，3公社がそれぞれ独立した株式会社に改組され，ドイツ・ポスト，ドイツ・ポストバンク，ドイツ・テレコムとなった。

　ドイツにおける郵政三事業の民営化の本来の目的は，テレコムの民営化にあった。日本と違って，ドイツで民業を圧迫していない郵貯を民営化する必要などなかったのである。

　当時，世界的に電気通信事業の競争が激化していたので，EUは，1997年の末までに電気通信事業の国家独占排除を決議したが，ドイツでは，「基本法（憲法）」で電気通信事業と郵便事業を国家が独占的におこなうことがさだめられるとともに，外国での事業展開を禁止されていた。

　したがって，電気通信事業の国際競争が激化するにつれて，国家事業であるこの事業の国際競争力を強化するには，国家財政から資金を投入することしかできなかった。しかし，通貨統合をめざす財政構造改革にとりかかる時期で

あったので，財政支出はできなかった。

とすれば，あとは，電気通信事業を株式会社化して，市場から資金を調達するという道しか残されていなかった。ところが，そのためには，郵電事業の国家独占を規定するとともに，外国での事業を全面禁止している「基本法」の改正が必要であった。

第一次改革で野党の「基本法」改正の賛成がえられなかったので，「基本法」に抵触しない分割公社化となった。第二次改革でも野党は反対していたが，そのままだと電気通信事業の国際競争力低下が懸念されたため，野党も賛成して改正され，株式会社化が実現した。

ポストバンクは公社化を契機に，積極的に金融業務の拡大をおこなったので，1992年に民間銀行から訴えられた。そこで，ポストバンクは，従来のような郵便貯金の受入れと振替業務に特化するか，または，民営化して民間銀行と競争するかの選択をせまられた。結局，「民営化」されたので，民間銀行は訴えを取り下げた。

(3) ドイツ・ポストの収益悪化

ポストバンクは，第二次改革で1995年1月1日から「信用制度法」の適用を受ける金融機関となり，1年間の経過期間をへてユニバーサル・バンクとしてあらゆる金融サービスを提供できるようになった。したがって，収益性の拡大のために，金融サービスを提供する店舗を選別した。

というのは，郵便サービスについては，依然として全国均一・一律サービスを提供するために全国的な店舗網の維持が義務付けられているが，ポストバンクについては，「基本法」にそのような規定はないので，収益性の高い店舗での金融サービスの提供をしぼりこむことは当然のことだからである。

そのことを事前に懸念していた連邦議会は，1994年6月にポストバンクに全国均一・一律の金融サービスを提供することをもとめる決議を採択した。

しかし，民営化して収益性を高めろといいながら，一方で不採算店舗でもお客様のために全国均一・一律の金融サービスを提供しろというのには，無理が

あった。したがって、ポストバンクは、収益性の拡大のために、金融サービスを提供する店舗のしぼりこみをおこなうとともに、ドイツ・ポストに支払う店舗使用料の削減をもとめた。

他方、EUの「郵便サービスに関する指令」にもとづいて、1998年1月に「新郵便法」が施行され、99年には、同法にもとづいて「ユニバーサル令」が出された。

「新郵便法」にもとづいて1998年から一定重量・一定料金以上の封書・文書の集配について民間の参入が認められたが、「ユニバーサル令」によって、ドイツ・ポストは、全国均一・一律の郵便サービスを提供することが義務付けられており、その店舗網は、2000年までは最低1万2000店舗、そののちは、1万店舗を直営かあるいは第三者の委託運営によって維持しなければならないことになっていた。

ドイツ・ポストは、全国的なサービス提供を義務付けられていたので、政府から補助金を受けていた。だから、民営化で採算のとれない店舗を閉鎖したくとも、できなかった。それにもかかわらず、欧州委員会は、ドイツ・ポストがドイツ政府に5億ユーロを返還するよう命令を出した。競争が激しくなるのに、不採算店舗も維持せよというのは、あきらかに民営化の原理に反している。

こうしたことから、ドイツ・ポストの収益が低迷していた。そうすると、収益補填のためにポストバンクからより多くの業務委託手数料をえようとするドイツ・ポストと、収益性向上のためになるべく手数料を減らそうとするポストバンクとの対立がつづいた。

(4) ドイツ・ポストの子会社化

そこで、1997年5月にドイツ・ポストとポストバンクが協力協定を締結し、99年1月にドイツ・ポストがポストバンクの株式の17.5%を取得することになった。

このときは、ポストバンクがドイツ・ポストの100%子会社になることは想定されていなかったが、1999年1月に100%子会社となった。その理由は、

つぎのようなものであったといわれている(「ドイツ郵便貯金の民営化と現状」『金融』1999年6月号,参照)。

　第一に,政府が財政赤字の補塡をしようとした。当時,ドイツ・ポストは,十分な流動性資金をもっていたので,残りの82.5％のポストバンク株を43億2500万マルクで買い取った。

　第二に,ドイツ・ポストとポストバングは,窓口委託手数料でもめていた。

　第三に,ポストバンクが全国一律サービスの提供を義務付けられていないにもかかわらず,ドイツ・ポストは,全店舗にかかる費用をポストバンクに負担させようとした。

　第四に,政府は,ポストバンクの上場をこころみたが,民間銀行に売却するのには時間がかかるので,十分な流動性資金をもっていたドイツ・ポストに有利な価格で売却した。

　こうして,ポストバンクは,ドイツ・ポストの100％子会社となった。そして,ポストバンクは,2004年6月23日にフランクフルト証券取引所に上場した。ドイツ・ポストが市場で売却したのは,発行済み株式数の50％マイナス1株である。

　他方,ドイツ・ポストは,ポストバンク上場に先立つ2000年11月にフランクフルト証券取引所に上場していた。政府保有株式の約29％が売却され,ドイツ政府は66億ユーロの資金を調達した。とはいえ,ドイツ・ポストの株式は,ドイツ政府と公的金融機関が過半数所有している。したがって,郵貯が完全に民営化されたとはいいがたい。

(5) ポストバンクの業務拡大

　第二次改革でユニバーサル・バンクとなり,従来の預金業務と送金・決済業務のほか,証券投資の拡大,賦払い貸付の開始,子会社をつうじた情報関連事業,不動産関連事業,投資信託,ユーロ市場での大口取引,住宅ローン,保険の販売などをおこなっている。

　カードビジネスでは,ポストバンクカード,ユーロチェックカード,ユーロ

カード，ビザカードの発行も取り扱い，カード発行枚数ではドイツ最大の業者となった。

ホームバンキング口座でも大きな役割をはたしており，大口顧客向けのマルチキャッシュなどビデオテックス口座は，パソコンをつうじて国内外の振替依頼が可能である。

ポストバンクは，スイフトに参加するとともに，ユーロジャイロのメンバーで，世界的な同日対外支払い決済やヨーロッパ全土での電信による送金決済をおこなっている。

投資信託は，1993年にルクセンブルグに設立したPBCM S.A.をつうじて販売したことにはじまる。98年からは，郵便局窓口での投資信託の販売が開始され，99年のドイツ・ポストの子会社化にともなって，ドイツ・ポストの店舗網を利用して投信を販売している。

ポストバンクは，2002年に組織再編をおこなって，投資信託の販売・マーケティング戦略をになう証券本部を設立した。投資信託は，センターとよばれる基幹郵便局で販売され，販売担当者であるファイナンシャル・アドバイザーが配置されている。

ポストバンクは，2000年9月に設立したイージートレードをつうじたオンライン取引を強化している。02年12月には，クレディ・スイスからクレディ・スイス・アセット・アドバイザリーとCSディレクトを買収して，ポストバンク・アセット・アドバイザリーとして再編し，この会社が，比較的高度な投資助言をもとめる顧客に対応している。

参 考 文 献

欧州中央銀行著／小谷野俊夫・立脇和夫訳『欧州中央銀行の金融政策』東洋経済新報社，2002 年
小川英治『国際金融入門』日経文庫，2002 年
上川孝夫・向壽一・藤田誠一編『現代国際金融論』（第 3 版）有斐閣，2007 年
上川孝夫・矢後和彦編『国際金融史』有斐閣，2007 年
国際通貨研究所編『国際金融読本』東洋経済新報社，2004 年
信用理論研究学会編『金融グローバリゼーションの理論』大月書店，2006 年
高木信二『入門国際金融』（第 3 版）日本評論社，2006 年
田中素香『拡大するユーロ経済圏——その強さとひずみを検証する』日本経済新聞出版社，2007 年
田中素香・岩田健治編『現代国際金融』有斐閣，2008 年
田中素香・藤田誠一編『ユーロと国際通貨システム』蒼天社出版，2003 年
中本悟編『アメリカン・グローバリズム』日本経済評論社，2007 年
奏忠夫・本田敬吉『国際金融のしくみ』（新版）有斐閣，2002 年
平島真一編『現代外国為替論』有斐閣，2004 年
深町郁彌編『ドル本位制の研究』日本経済評論社，1993 年
藤原秀夫・小川英治・地主敏樹『国際金融』有斐閣，2001 年
山本栄治『国際通貨システム』岩波書店，1997 年
山本栄治著，西村閑也編『国際通貨と国際資金循環』日本経済評論社，2002 年
B. アイケングリーン著／藤井良広訳『21 世紀の国際通貨制度——二つの選択』岩波書店，1997 年
H.-E. シャーラー，A. エルーアグラ，田中素香，D. メイズ著，岩田健治編『ユーロと EU の金融システム』日本経済評論社，2003 年
J. ペルクマンス著／田中素香監訳『EU 経済統合——進化と拡大の総合分析』文眞堂，2004 年
R. マッキノン・大野健一『ドルと円——日米通商摩擦と為替レートの政治経済学』日本経済新聞社，1998 年

索　引

あ 行

RMBS（住宅ローン担保証券）　81
IMF協定第4条　49
IMF体制　49
IMFポジション　36, 41
アウトライト取引　20
Acceptance（一覧払い輸入手形決済相場）　20
アクティビストファンド　87
アセット・アプローチ　24
アメリカン・オプション　21
アルフィナンツ　142, 143, 180
安全性指向投信　188
EC　113
ECU（ヨーロッパ通貨単位）　29
ECU乖離指標方式　28
EU憲法　120
イールド・カーブ・ポリス　95
域内市場統合　114
域内統合白書　114
イジャラ　61
イベントドリブン型　90
A/S Buying（一覧払い輸出手形買い取り相場）　20
ATS　162
エクイティCDO　81, 82
エクエータ（赤道）原則　103
SRSI（持続可能な社会的責任投資）　96
SDR（特別引き出し権）　36, 41
FRB（連邦準備制度理事会）　16
FOB　36

エマージング型　90
MTF　162, 185
L/C　14
欧州証券委員会　137
欧州証券規制機関委員会　137
欧州中央銀行制度　133
欧州通貨制度（EMS）　27
大口信用　201
大口信用個別上限　201
大口信用総額上限　201
オーバーシューティング・モデル　24
オフショア市場　57
オプション取引　58
オプション料　21
オペレーショナル・リスク　59

か 行

外貨業務　195
外貨準備　36, 41
外国為替　11
外債市場　57
会社型投資信託　188
介入通貨　46
カバー取引　18
株式　10
株式マーケットニュートラル型　90
株式ロングショート型　89
株主行動　98
株主資本主義　75
空売り　86
カレルギー，G.　109

カレンシー・ボード制　25
為替　11
為替相場制度（ERM）　28
為替媒介通貨　47
為替ブローカー　17
為替予約　20
環境税　172
環境保護計画　171
監査役会　184
慣性の法則　55
管理通貨制　48
企業の社会的責任（CSR）　96
企業買収指令　138
議決権代理行使　184
基軸通貨　47
基準通貨　46
規制された市場　151
寄託株式　184
寄託銀行　188
逆手形　14
キャッシュ・アウト　67
キャリー・トレード（円借り取引）　24, 71
強制通用力　52
共同決定法　169
居住者　33
金為替本位制　50
金現送点　45
金現送費　44
銀行間市場（インターバンク市場）　17
金準備法　49
金本位制　50
金融関連企業　196
金融コングロマリット　143, 145, 197
金融コングロマリット指令　144
金融サービス機関　194
金融サービス行動計画　134

金融サービス白書　136
金融商品市場指令（MiFID）　155
金融トランスファー業務　195
金融持株会社　196
金利スワップ　58
口先介入　26
グリーン・ペーパー　101, 209
グリーン・マネー　103
クレジットカード業務　195
Credit Buying（期限付手形買取相場）　20
グローバル・マクロ型　90
クローリング・ペッグ　25
クロス相場　19
クロスボーダー M&A　139
経済・財務閣僚理事会（ECOFIN）　26
経常移転収支　34, 38
経常収支　34
契約・表示通貨　46
兼営銀行　180
原資産（現債務）市場　58
原籍国・母国主義　151
現物市場　58
合理的予想形成モデル　24
高レバレッジ機関　88
コーディネーター　146
コール　21
国際金融のトリレンマ　27
国際債市場　57
国際的決済リスク　59
国富ファンド　90
コミットメントライン　84
コミュニティ投資　98
コルレス契約　16
混合金融持株会社　197

さ 行

サービス収支　*34, 38*
再生可能エネルギー法　*171*
裁定相場　*19*
債務担保証券（CDO）　*81, 93*
債務の株式化　*179*
先物取引　*20, 58*
先物予約　*20*
先渡し取引　*58*
サブプライムローン　*77, 93*
CIF　*36*
CHIPS　*16*
CLS　*60*
CDO　*81*
CB・アービトラージ型　*90*
直物取引　*20*
資産担保CP（ABCP）　*84*
市場阻害行為指令　*137*
市場統合　*115*
システマティック・インターナライザー　*162*
システミック・リスク（ドミノリスク）　*59, 95*
シニョリッジ（通貨発行特権）　*47*
資本移転収支　*40*
資本収支　*34*
社会住宅　*77*
社会的企業　*122*
社会的市場経済　*124*
社会的市場経済原理　*168*
社会的責任投資（SRI）　*96*
住宅ローン担保証券（RMBS）　*81*
シューマン・プラン　*111*
出資規制　*200*
循環経済・廃棄物法　*171*
準備通貨　*46*
商業送り状　*15*

商業手形　*5*
証券投資　*39*
証券取引会社　*196*
証券取引法　*182*
証券寄託業務　*194*
ショート　*89*
ショートバイアス型　*90*
ジョーンズ・ヘッジファンド　*88*
所得収支　*34*
新基本条約　*121*
信用機関　*193*
信用協同組合　*181*
信用業務　*194*
信用銀行　*181*
信用状　*14*
信用制度法　*190*
信用創造機能　*8*
信用リスク　*58*
スクリーニング　*97*
ストライク・プライス　*21*
スパーク報告　*112*
スワップ取引　*21, 58*
成功報酬方式　*89*
政府系ファンド　*90*
責任自己資本　*199*
絶対的購買力平価説　*23*
送金為替　*14*
送金小切手　*14*
相対的購買力平価説　*24*
ソーシャル・スクリーニング　*96*

た 行

ターゲット・ゾーン（目標相場圏）　*26*
第一次銀行指令　*131*
第一次資本市場振興法　*181*
代金取立手形　*14*

対顧客市場 *17*	投資サービス指令 *132, 150*
対顧客相場 *19*	投資・資産通貨 *46*
第三次資本市場振興法 *182*	投資収支 *34*
第三順位資金 *199, 200*	投資信託委託業務 *194*
第二次銀行指令 *131*	投資仲介業務 *194*
第二次資本市場振興法 *182*	投資ファンド *86*
第四次資本市場振興法 *182*	投資法 *187*
タックス・ヘイブン *57*	透明性指令 *138*
ダブルギアリング *147*	特別目的会社（SIV）*84*
単一欧州議定書 *114*	ドミニ・ソーシャル・エクイティ・ファンド *98*
単一銀行免許制 *131*	取引・決済通貨 *46*
単一市場レビュー *134*	取引仲介業務 *194*
単一免許制（シングル・パスポート）*151*	トリプル・ボトムライン *101, 106*
単一目論見書 *138*	ドル・ペッグ制 *25*
短期金融市場商品 *195*	内国為替 *11*
中央銀行券 *7*	
中核的資本 *199*	な 行
直接投資 *39*	
貯蓄銀行 *181*	並（順）手形 *12*
追加証拠金（追証）*22*	ネガティブ・スクリーニング *97*
通貨オプション取引 *21*	
通貨スワップ *58*	は 行
ディーリング業務 *194*	
T.T.S（電信売り相場）*20*	バーゼル・アコード *59*
T.T.B（電信買い相場）*20*	バーゼル・コンコーダット *59*
抵当証券業務 *194*	バーゼルⅡ *60*
適時開示制度 *183*	バイアウトファンド *87*
手数料業務 *194*	パイオニア・ファンド *98*
デリバティブ *195*	廃棄物法 *171*
電子マネー機関 *194*	配当 *10*
電子マネー業務 *194*	バスケット・ペッグ制 *26*
伝統的金融市場 *57*	派生的預金 *8*
ドイツ銀行 *203*	発行業務 *194*
投機取引 *22*	発生主義 *33*
当座預金 *8*	パリティ・グリット方式 *28*
投資顧問業務 *196*	バンカシュランス *142, 143*
	BIS規制 *59*
	比較生産費説 *37*

索　引

東インド会社　9
被監督金融コングロマリット企業　197
非居住者　33
非不胎化政策　26
フィランソロピー　104
不確実性　58
複合金融持株会社　146
複式簿記の原則　33
負債決済　47
プット　21
不動産投資信託　188
船荷証券　15
船荷書類　15
不胎化政策　26
振替業務　194
ヘッジ取引　22
ヘッジファンド　87, 88
ヘルシュタット・リスク　59
変動相場制　25
貿易収支　34
包装廃棄物政令　171
ポートフォリオ管理業務　194
ホームコントロール主義　151
補完資本　200
保険証券　15
ポジティブ・スクリーニング　97
保証業務　194
ポストバンク　210, 211
ホワイト・ペーパー　101
本源的預金　8
ポンツイ金融　79
ボンド・アービトラージ型　89

ま　行

マーシャル・プラン　110
マイクロファイナンス　105

マイスター制度　173
マネージド・フューチャーズ型　90
マネーセンターバンク　16
マネーブローカレッジ業務　196
マンデル・フレミング・モデル　27
ムシャラカ　61
ムダラバ　61
ムラバハ　61
メザニンCDO　82
メッシナ決議　111
目論見書指令　137
持高　17

や　行

有価証券　195
優先CDO　82
郵便振替・貯蓄局　209
ユーロ市場　57
ユーロシステム　133
ユーロ建て市場　57
ユニバーサル・バンク　142, 143, 179
ヨーロッパ会社　138
ヨーロッパ会社法　138
ヨーロッパ支払い同盟（EPU）　29
ヨーロッパ石炭鉄鋼共同体（ECSC）　111
ヨーロッパ通貨協力基金（FECOM）　29, 31
ヨーロッパ通貨単位（ECU）　27
ヨーロッパ通貨単位（EUA）　29
ヨーロッパ・パス　136
ヨーロピアン・オプション　21
預金業務　193
預金信用機関　194
預金仲介業務　195
預金通貨　8
預金保証・投資家補償法　191
預託証書　195

221

ら・わ 行

ラムファルシー委員会　*136*
リスク　*58*
リバー　*60*
利回り指向投信　*188*
略奪的貸付　*79*
レッドライニング　*77*
レバレッジ　*88*
レバレッジ効果　*86*
レバレッジ手法　*88*
レファレンス・ゾーン（参考相場圏）　*26*
連邦銀行監督庁　*190*
連邦金融サービス監督庁　*193, 202*
連邦証券取引監督庁　*182*
連邦特別財産　*210*
労働者派遣法　*174*
ローマ条約　*112*
ロング　*89*
割引業務　*194*

《著者紹介》

相沢　幸悦（あいざわ・こうえつ）
　1950年　秋田県生まれ
　1978年　法政大学経済学部卒業
　1986年　慶應義塾大学大学院経済学研究科博士課程修了
　　　　　（財）日本証券経済研究所主任研究員，長崎大学経済学部教授を経て，
　現　在　埼玉大学経済学部教授（経済学博士）
　主　著　『ユニバーサル・バンクと金融持株会社』日本評論社，1997年
　　　　　『日本の金融ビッグバン』NHKブックス，1997年
　　　　　『日本型金融システムを求めて』東洋経済新報社，1999年
　　　　　『ユーロは世界を変える』平凡社新書，1999年
　　　　　『平成大不況』ミネルヴァ書房，2001年
　　　　　『ユーロ対ドル』駿河台出版社，2003年
　　　　　『金融コングロマリットと邦銀の復活』（共著）財経詳報社，2005年
　　　　　『品位ある資本主義』平凡社新書，2006年
　　　　　『反市場原理主義の経済学』日本評論社，2006年
　　　　　『平成金融恐慌史』ミネルヴァ書房，2006年
　　　　　ほか単著，編著，共著多数

MINERVA現代経済学叢書⑩
国際金融市場とEU金融改革
——グローバル化するEU市場の動向——

2008年10月20日　初版第1刷発行　〈検印廃止〉

定価はカバーに
表示しています

著　者　　相　沢　幸　悦
発行者　　杉　田　啓　三
印刷者　　藤　森　英　夫

発行所　株式会社　ミネルヴァ書房
607-8494　京都市山科区日ノ岡堤谷町1
電話代表　(075)581-5191番
振替口座　01020-0-8076番

©相沢幸悦, 2008　　　　　亜細亜印刷・兼文堂

ISBN978-4-623-05223-3
Printed in Japan

平成金融恐慌史

―――――――相沢幸悦著　Ａ５判　240頁　本体3500円

●バブル崩壊後の金融再編　戦後最長の「平成大不況」からの脱却を検証，総括するとともに今後の展望を探る。

平成大不況

―――――――相沢幸悦著　Ａ５判　330頁　本体3200円

●長期化の要因と終息の条件　終わらない不況の構造とは何か。安易な見通しのもとに先送りされた重大問題の数々。要因一つひとつの積み重ねを検証し，解決の方途を提示する。

EU 経済論

―――――――内田勝敏／清水貞俊編著　Ａ５判　404頁　本体3600円

●拡大と変革の未来像　経済統合の現在へ至る経緯を跡づけ，主要課題の詳細な現状分析と未来像を探る。

EU 通貨統合の新展開

―――――――松浦一悦著　Ａ５判　292頁　本体3200円

通貨統合の特質を南欧周辺国の視点とユーロ非採用国の視点からも考察し，通貨統合の今後を展望する。

テキスト現代金融

―――――――土田壽孝著　Ａ５判　332頁　本体3000円

●金融の現状に関する体系的な基本知識を提供し，金融経済の変化に多角的な視座からアプローチする。

―――ミネルヴァ書房―――
http://www.minervashobo.co.jp